Carine Mackenzie

75 SPANNENDE BIBELGESCHICHTEN

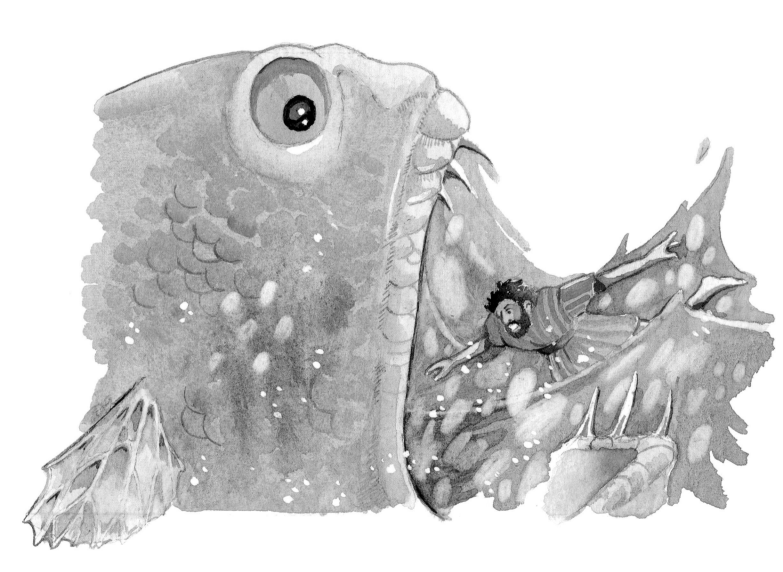

Carine Mackenzie

75 SPANNENDE BIBELGESCHICHTEN

Die Kinderbibel zum Vorlesen (4–6 Jahre)
und Selberlesen (6–8 Jahre)

Mit Zeichnungen von Kevin Kimber

SOLA GRATIA
Medien

1. Auflage 2024
© der deutschen Ausgabe 2024
Sola Gratia Medien®
Reformations-Gesellschaft-Heidelberg e. V.
Postfach 100141
57001 Siegen Deutschland
www.solagratia.de

Übersetzung: C. Beese
Umschlaggestaltung: T. Hermann
Satz: Uhl + Massopust, Aalen
Gedruckt in der Europäischen Union
ISBN: 978-3-948475-80-2

Die Bibelstellen sind in der Regel der Lutherbibel 1912 entnommen. Vereinzelt wurden andere Bibelübersetzungen verwendet und im Text gekennzeichnet. Alle Bibelzitate wurden den Regeln der geltenden Rechtschreibung angepasst. Hervorhebungen einzelner Wörter oder Passagen innerhalb von Bibelstellen sind hinzugefügt.

**Wir bedanken uns bei unserem Kooperationspartner,
der Stiftung Freunde von Heidelberg und Dordrecht**

Im Jahr 2003 gründeten Pfarrer und Gemeindeglieder aus mehreren reformierten Kirchen der Niederlande die *Stichting Vrienden van Heidelberg en Dordrecht*. Ihr Ziel war es, die Verbreitung bibeltreuer Literatur in Deutschland zu fördern. Denn es war ihnen aufgefallen, dass selbst grundlegende Werke der *Nadere Reformatie* und des *Puritanismus* in Deutsch nicht verfügbar waren. Gerade diese Werke haben aber in den Niederlanden einen großen Segen hinterlassen. Sie werden von den niederländischen Christen bis heute gerne gelesen und als sehr hilfreich für das Glaubensleben empfunden. Diese Literatur zurück in das Land Luthers zu bringen, ist das Kernanliegen der Stiftung Freunde von Heidelberg und Dordrecht.

Kontakt:
info@svvhed.org
www.svvhed.org

Diese Bibel gehört

_____

Ein Geschenk von

_____

INHALT

VORWORT ZUR DEUTSCHEN AUSGABE

Liebe Kinder,

dieses Buch ist für euch. Es ist keine vollständige Bibel, aber es enthält einige der schönsten und spannendsten Geschichten daraus. In einigen Geschichten geht es auch um sehr böse Dinge, die Menschen getan haben, und manchmal geht es um sehr traurige Dinge, die sie erlebten. Seit die ersten Menschen Adam und Eva gegen Gottes Willen gehandelt haben, gehören leider auch die bösen und die traurigen Ereignisse zum Leben dazu. Aber weil Gott gut ist und seine Schöpfung liebt, hat er von Anfang an gesagt, dass er durch seinen Sohn eine neue Welt machen will, wo alles Böse und Traurige nicht mehr dazu gehört. Das ist die größte und spannendste Geschichte von allen.

Darum lernt ihr auch schon in der zweiten Geschichte, dass Jesus, Gottes Sohn, der Retter ist. Jesus kommt nicht erst im letzten Teil der Bibel vor, im Neuen Testament. Auch das Alte Testament ist voller Hinweise auf ihn. Zum Beispiel geht es in Geschichte dreizehn darum, dass das Volk Israel aus Ägypten befreit wurde, wo sie als Sklaven gefangen waren. Wir sollen davon lernen, dass wir unter die Sünde versklavt sind und Dinge tun, die Gott nicht gefallen, und dass Jesus uns davon befreit und rettet.

Genau dafür haben wir die Bibel, auch diese Kinderbibel: Um Gott kennen zu lernen. Schon im Alten Testament hatte Gott zu den Israeliten gesagt, dass sie ihn nicht gesehen haben, weil er ja unsichtbar ist. Darum dürfen sie Gott auch nicht durch Statuen oder auf Bildern darstellen. Stattdessen sollen sie auf sein Wort hören. Jesus ist auch Gott. Er ist Gottes ewiger Sohn. Aus diesem Grund ist er in dem Buch auch nicht gemalt. Richtig, in dieser Kinderbibel gibt es keine Bilder von Jesus. Aber das ist nicht schlimm. Im Gegenteil: Zum einen nehmen wir damit ernst, dass er wirklich Gott ist. Zum anderen lernen wir ihn genau auf die richtige Weise kennen – durch *sein* Wort, statt durch *unsere* erdachten Bilder. Wir müssen ihn jetzt nicht sehen, um ihn gut kennen zu lernen und mit ihm zu leben.

Viele Jahre nachdem Jesus in den Himmel aufgefahren war, schrieb der Apostel Petrus einen Brief an Christen, die Jesus nie persönlich begegnet sind. Er schreibt: »Bisher habt ihr Jesus nicht mit eigenen Augen gesehen, und trotzdem liebt ihr ihn; ihr vertraut ihm, auch wenn ihr ihn vorläufig noch nicht sehen könnt. Daher erfüllt euch schon jetzt eine überwältigende, jubelnde Freude […]« (1.Petrus 1,8 NGÜ). Petrus selbst war einer der zwölf Jünger, die drei Jahre lang mit Jesus unterwegs waren. Er wusste genau, wie Jesus aussah und kannte ihn persönlich. Aber er sagt, dass auch wir ihn lieben und heute schon eine unglaublich große Freude haben können, obwohl wir ihn nicht gesehen haben. Genau dafür gab uns Gott sein Wort.

Auch Johannes war ein Jünger, der Jesus gesehen hat. Er schreibt: »Von allem

Anfang an war es da; wir haben es gehört und mit eigenen Augen gesehen, wir haben es angeschaut und mit unseren Händen berührt – das Wort des Lebens. Ja, das Leben ist erschienen; das können wir bezeugen. Wir haben es gesehen, und wir verkünden es euch – das ewige Leben, das beim Vater war und unter uns erschienen ist« (1.Johannes 1,1-2 NGÜ). Er war hautnah dabei. Da könnte man fast neidisch werden. Aber es nicht nötig, dass jeder von uns Jesus selbst gesehen hat.

Einige haben ihn gesehen und sie verkündigen uns alles, was wir wissen müssen. Somit könnt ihr Jesus wirklich kennen lernen, ihm vertrauen und jetzt schon mit ihm leben. Wir wissen ja auch nicht, wie er aussah. Johannes sagt nicht: »wir haben ihn gesehen und darum malen wir euch ein Bild von ihm.« Er sagt: »wir haben ihn gesehen – darum reden und predigen wir über ihn.« Es ist verständlich, dass wir Jesus sehen wollen. Jeder will seine Freunde sehen. Aber statt ihn nach unseren Vorstellungen zu malen – das kann ja nur falsch werden –

sollten wir auf sein Wort hören und darauf warten, dass er sich uns eines Tages zeigt. Im Neuen Testament wird gesagt, dass wir jetzt mit Jesus leben, indem wir an ihn glauben, das heißt ihm vertrauen. In Gottes neuer Welt werden wir ihn dann mit eigenen Augen sehen und für immer bei ihm leben. Ich freue mich schon darauf.

Simon L. Schuster

WENN DU DIESES BUCH
EINEM KIND VORLIEST...

... denk immer daran, dass das, was du liest, wahr ist.
Wie du einem Kind das Wort Gottes vorliest, kann entscheidend dazu beitragen, wie gut es die Geschichte bzw. die Botschaft versteht. Lies also mit Schwung und Begeisterung – nutze deine Stimme, deine Mimik und auch deine Gestik, um den Sinn zu vermitteln.

Das Vorlesen von Geschichten sollte spontan sein, aber es ist gut, sich darauf vorzubereiten. Lies die Geschichte vorher selbst – überlege dir, wie du sie zum Leben erwecken kannst. Lege deine Bibel neben dich, während du dich vorbereitest und die Geschichte vorliest. Die Kinder möchten vielleicht selbst sehen, wo in der Bibel die Geschichte steht. Vorbereitung und eine gute Bibelkenntnis können nur von Nutzen sein, wenn du Gottes Wort liest und erklärst.

Beachte: In diesem Buch gibt es kurze Sätze, die die Leseanfänger allein oder mit ein wenig Hilfe von dir bewältigen können. Wir haben versucht, das geforderte Leseniveau in diesen einzelnen Sätzen zu variieren. So können einige Wörter für einen Leseanfänger zu schwierig sein, aber ein Kind, das bereits seit einem oder zwei Jahren liest, wird die Herausforderung einiger neuer Vokabeln zu schätzen wissen.

Schau dir die Andachtsthemen an. Mache es dir zum Ziel, näher zu Gott zu kommen. Lerne mehr über den Charakter Gottes und die Person seines Sohnes, Jesus Christus. Diese Abschnitte werden dir helfen, die Botschaft der Geschichte in dein tägliches Leben zu übertragen. Nutze die natürliche Wissbegierde deines Kindes und erforscht gemeinsam Gottes Wort.

Sei auf Fragen vorbereitet. Kinder zu unterrichten kann eine Herausforderung sein, aber wenn du ein Kind unterrichtest, lernst du mit ihm. Wenn dein Kind eine Frage stellt, auf die du die Antwort nicht weißt, nutze dies zu deinem Vorteil und mache ein Lernspiel daraus. Wenn du weißt, wo die Antwort zu finden ist, geh mit deinem Kind dorthin. Vielleicht ist es nur ein Ausflug zum nächsten Bücherregal oder zur nächsten Bibliothek. Es ist wertvoll, ein älteres Familienmitglied in der Nähe zu haben, das sein Leben lang Gott gefolgt ist und sein Wort gelesen hat. Wenn es sich um eine biblische Frage

handelt, kann ein Nachschlagen in einem Bibelwörterbuch helfen. Einige Bibeln haben ein Register und nützliche Hintergrundinformationen.

Wenn deine Familie eine Gemeinde besucht, kann das Kind einen Sonntagsschullehrer oder Pastor fragen.

Wenn Gemeinde für dich ein neuer Gedanke ist, erkundige dich nach Gemeinden in deiner Umgebung. Wenn du eine findest, in der Gottes Wort treu gepredigt wird, ist das ein guter Ort, um deine Kinder mitzunehmen. Ihr werdet alle etwas über Gott lernen und ihn gemeinsam anbeten.

In diesem großen Lernerlebnis solltet ihr alle Ressourcen nutzen, die ihr habt. Macht das Lesen der Bibel zu der bedeutungsvollen, bewusstseinserweiternden, lebenspendenden Erfahrung, die es sein sollte.

Und jedes Mal, bevor ihr Gottes Wort aufschlagt, betet gemeinsam, dass ihr versteht, was Gott euch sagt, und dass ihr seinen Worten gehorchen wollt.

1. GOTT HAT DIE WELT GESCHAFFEN

(1.MOSE 1)

Am Anfang schuf Gott die ganze Welt aus dem Nichts. Am ersten Tag sagte Gott: »Es werde Licht«, und das Licht erschien. Gott sah, dass das Licht gut war. Gott nannte das Licht »Tag« und die Dunkelheit nannte er »Nacht«.

Am zweiten Tag machte Gott den Himmel mit all den verschiedenen Wolken. Alles Wasser wurde von Gott gemacht – Ozeane, Meere, Flüsse, Seen. Am dritten Tag sagte Gott: »Trockener Boden soll sichtbar werden.« Und so entstanden die Hügel und Täler, Berge und Ebenen. Durch sein mächtiges Wort schuf Gott die Bäume und Pflanzen, Sträucher und Blumen. Gott sah, dass alles, was er gemacht hatte, gut war.

Am vierten Tag machte Gott die Sonne, den Mond und die Sterne, die wir am Himmel sehen. Am fünften Tag machte Gott die Fische und Meerestiere, die in den Ozeanen leben, und die schönen Vögel, die durch die Luft fliegen können.

Am sechsten Tag machte Gott die Landtiere. »Die Erde soll Lebewesen hervorbringen«, sagte er. Und so entstanden alle möglichen wunderbaren Tiere – die Giraffe, die Kuh, die Maus und das Glühwürmchen. Alles war gut.

Was machte Gott am ersten Tag?

Gott ist der Schöpfer

Gott machte die Welt aus nichts. Um einen Kuchen zu backen, brauchen wir Eier, Mehl und Zucker. Um ein Bild zu malen, brauchen wir Papier und Farben. Gott schuf die Welt aus dem Nichts. Er sprach ein Wort und es war fertig. Ist das nicht wunderbar?

2. GOTT MACHTE ADAM UND EVA

(1.MOSE 1–3)

Am sechsten Tag machte Gott einen Menschen namens Adam aus dem Staub der Erde. Er hauchte ihm Leben ein. Gott wollte nicht, dass Adam allein ist, also ließ er ihn einschlafen. Dann entfernte er eine seiner Rippen und formte aus ihr eine Frau. Ihr Name war Eva. Adam war sehr froh.

Adam und Eva waren anders als die Tiere. Gott gab ihnen eine lebendige Seele. Er segnete sie und sagte ihnen, sie sollten Kinder bekommen. Gott gab ihnen den Garten Eden, damit sie dort lebten. Sie herrschten über alle anderen Lebewesen im Garten. Gott sah, dass alles gut war und ruhte am siebten Tag. Das war auch für die Menschen ein Tag der Ruhe.

Gott sagte zu Adam, dass er nicht vom Baum der Erkenntnis von Gut und Böse essen dürfe. Doch der Satan, verkleidet als Schlange, verführte Eva. Eva hörte auf die Lüge des Satans und aß von der Frucht. Sie gab auch Adam etwas davon. Die Sünde verdarb Gottes Schöpfung. Adam und Eva wussten, dass sie Gott ungehorsam gewesen waren, und versuchten, sich vor ihm zu verstecken. »Wo bist du, Adam?«, rief Gott. Da konnte sich Adam nicht länger verstecken. Er beschuldigte Eva, und Eva beschuldigte die Schlange. Gott musste die Sünde bestrafen. An diesem Tag kamen Not, Schmerz und Tod in die Welt. Adam und Eva wurden aus dem Garten Eden vertrieben.

Wo lebten Adam und Eva ursprünglich?

Jesus ist der Retter

Jesus starb, um uns von unseren Sünden zu erlösen. Die Kinder von Adam und Eva wurden als Sünder geboren. Als sie aufwuchsen, tötete Kain seinen Bruder Abel. Die Sünde beeinflusst auch unser Leben, aber aufgrund dessen, was Jesus für uns getan hat, können wir darauf vertrauen, dass er uns von der Sünde befreit.

3. GEBORGEN IN DER ARCHE

(1.MOSE 6–9)

Die Menschen auf der Erde wurden immer böser. Gott schickte eine große Flut, um sie zu vernichten. Noah, der ein guter Mensch war, wurde von Gott vor der Flut gewarnt. Gott befahl Noah, ein großes Boot zu bauen, und er sagte auch, wie groß es sein sollte. Noah, seine Frau, seine Söhne Sem, Ham und Japheth und deren Frauen sollten alle in das große Boot – die Arche – gehen. Ein Paar von jedem Tier (und von manchen Tieren sieben Paare) wurden ebenfalls in die Arche gebracht.

Dann schloss Gott die Türen und es fing an zu regnen. Es regnete vierzig Tage und Nächte lang. Die ganze Erde wurde überflutet. Die bösen Menschen wurden vernichtet. Das Wasser bedeckte die Erde 150 Tage lang. Schließlich lief die Arche auf dem Gipfel des Berges Ararat auf Grund. Noah schickte einen Raben und eine Taube aus. Der Rabe kam nicht zurück, da er anderswo Nahrung fand, aber die Taube kehrte zurück. Sie konnte keinen Platz zum Ausruhen finden. Sieben Tage später wurde die Taube erneut ausgesandt. Diesmal brachte sie ein Olivenblatt mit. Noah wusste, dass die Bäume wieder zu sehen waren. Sieben Tage später kehrte die Taube nicht mehr zurück. Noah wusste, dass das Land trocken war. Noah und seine Familie dankten Gott, dass er sie gerettet hatte. Gott versprach, dass er nie wieder die ganze Erde überfluten würde. Als Zeichen seines Versprechens setzte er den Regenbogen an den Himmel.

Welches Zeichen gab Gott für sein Versprechen, dass er nie wieder die ganze Erde überfluten will?

Gott ist groß

Gott will dich segnen. Noah gehorchte Gottes Wort und wurde vor der Flut gerettet. Wie können wir Gott gehorchen? Wie segnet und rettet Gott uns heute? Gott hat uns gesegnet, indem er uns sein Wort (die Bibel) gab und uns von seinem Sohn Jesus erzählte.

4. ABRAHAM, DER FREUND GOTTES

(1.MOSE 12–15)

Abraham und seine Frau Sara wohnten im Land Mesopotamien. Abraham war reich und besaß viele Schafe, Kühe, Esel und Kamele. Sara war sehr schön, aber sie hatten keine Kinder.

Gott befahl Abraham, sein Haus zu verlassen und eine weite Reise in ein anderes Land anzutreten. Gott versprach, ihn zu leiten. Abraham und Sara machten sich auf die lange Reise und gehorchten Gottes Befehlen. Gott gab Abraham ein besonderes Versprechen (auch Bund genannt). »Ich werde deine Familie zu einem großen Volk machen. Ich werde dich segnen.« Das war eine erstaunliche Nachricht, denn Sara und Abraham hatten keine Kinder und waren schon alt.

Als sie Kanaan erreichten, sagte Gott zu Abraham, dass dies das Land war, das er versprochen hatte, ihm und seinen Kindern zu geben. Aber die Hirten von Lot, Abrahams Neffen, begannen mit Abrahams Hirten um das Weideland für ihre Tiere zu streiten. In seiner Weisheit schlug Abraham Lot vor, dass sie sich in unterschiedlichen Teilen des Landes niederlassen sollten, um Ärger zu vermeiden.

Lot wählte die fruchtbaren Ebenen des Jordans im Osten, Abraham ging in die andere Richtung. Abraham betete Gott an und war als ein Freund Gottes bekannt.

Was für Tiere besaß Abraham?

Gott ist unser Freund

Abraham war ein Freund Gottes. Denk an deine Freunde. Warum seid ihr Freunde? Ihr redet und verbringt Zeit miteinander. Du hörst ihnen zu und liebst sie. Bist du ein Freund von Gott?

5. ISAAK, DER VERHEISSENE SOHN

(1.MOSE 16–22)

Gott versprach Abraham einen Sohn. Als Sara älter wurde, wurde sie ungeduldig, aber Gott erinnerte Abraham daran, dass Sara einen Sohn bekommen würde – genau wie er es versprochen hatte.

Eines Tages saß Abraham vor dem Eingang seines Zeltes, als drei Besucher kamen. Er begrüßte sie und gab ihnen eine gute Mahlzeit. Sie waren Gottes Boten. »Nächstes Jahr um diese Zeit«, sagten sie, »wird Sara einen Sohn haben.« Sara hörte das und lachte laut. Gott tadelte sie: »Ist irgendetwas zu schwer für den Herrn?« Nein, das war es nicht! Isaak wurde geboren, als Abraham hundert Jahre alt war und Sara neunzig. Abraham glaubte an Gottes Verheißung, aber sein Glaube wurde auf die Probe gestellt. »Nimm Isaak mit auf den Berg Morija«, sagte Gott, »und opfere ihn dort als Opfer für mich«. Abraham glaubte immer noch an Gott. So gingen er und Isaak frühmorgens los und stiegen auf der Berg Morija.

Abraham baute einen Altar und legte Isaak darauf. Er hob das Messer, um ihn zu töten. Der Engel des Herrn rief ihm zu: »Abraham, Abraham! Tu dem Jungen nichts. Ich weiß, dass du Gott fürchtest, denn du warst bereit, deinen Sohn zu opfern.« Da sah Abraham einen Widder, der sich in einem Busch verfangen hatte. Dieser wurde stattdessen als Opfer dargebracht.

Wer rief Abraham zu, er solle dem Jungen Isaak nichts antun?

Gott lädt ein

Gott liebt dich. Gottes Sohn, der Herr Jesus, wurde wegen der Sünde geopfert. Gott gab seinen Sohn für uns. Er verspricht seinem Volk: »Wer zu mir kommt, den werde ich nicht hinausstoßen«.

6. ISAAK UND REBEKKA

(1.MOSE 24–25)

Abraham wollte, dass Isaak eine Frau aus Mesopotamien heiratete. Er schickte einen vertrauenswürdigen Diener, um sie zu finden. Der Diener betete, dass Gott ihn zu der richtigen Frau führen möge. Als er in der Stadt Nahor ankam, ging Abrahams Diener zum örtlichen Brunnen. Dort saß eine junge Frau namens Rebekka. Sie gab dem Diener einen erfrischenden Becher Wasser und bot sogar an, seine durstigen Kamele mit Wasser zu versorgen. Das bedeutete, viele schwere Eimer Wasser aus dem Brunnen zu ziehen, aber sie tat dies ohne zu klagen.

Abrahams Knecht glaubte, dass Gott ihn zu dieser Frau geführt hatte. Sie war hübsch, fleißig und stammte aus der richtigen Familie. Rebekkas Eltern stimmten zu, sie mit Abrahams Sohn zu verheiraten. Es würde eine lange Reise für Rebekka sein und sie würde ihr Zuhause und ihre Familie verlassen müssen, aber ihre Eltern stimmten zu und Rebekka auch. Isaak und Rebekka wurden verheiratet, als Isaak vierzig Jahre alt war. Doch zwanzig Jahre später hatten sie immer noch keine Kinder. Isaak betete zu Gott um ein Kind. Gott erhörte ihn und schon bald bekamen sie Zwillingsjungen. Gott hielt sein Versprechen, das er Abraham Jahre vorher gegeben hatte. Abrahams Enkelkinder waren nun geboren.

Wo traf Abrahams Knecht Rebekka?

Gott ist fürsorglich

Rebekka musste Wasser für den Haushalt holen. Wasser ist sehr wichtig. Wir sollten Gott dafür danken. Wie oft brauchst du an einem normalen Tag Wasser?

7. JAKOB UND ESAU

(1.MOSE 25–27)

Rebekkas Jungen sahen sich gar nicht ähnlich. Esau, der Älteste, hatte rötliche Haut, war behaart und war gerne draußen unterwegs. Jakob hatte glatte Haut und bevorzugte ein ruhiges Leben zu Hause. Esau hatte das Erstgeburtsrecht, das Familienoberhaupt zu sein, und Anspruch auf einen größeren Anteil am Besitz seines Vaters, da er der ältere Sohn war. Eines Tages kam er jedoch sehr hungrig von der Jagd nach Hause. »Gib mir etwas Eintopf«, bat Esau Jakob. »Ich bin schwach vor Hunger.«

»Ich gebe dir etwas davon, wenn du mir dein Erstgeburtsrecht gibst«, antwortete Jakob.

»Was nützt mir ein Erstgeburtsrecht, wenn ich vor Hunger umkomme?«, sagte Esau.

So bekam Esau seinen Eintopf und Jakob das Erstgeburtsrecht. Eines Tages wollte Isaak Gott bitten, Esau zu segnen. Rebekka belauschte die Pläne des blinden, alten Isaak. Er sagte Esau, er solle Wild jagen, und so lief Rebekka los, um einen Ziegeneintopf zu kochen, der wie Wildfleisch schmeckte. Jakob zog sich daraufhin Esaus Kleider an und legte ein Ziegenfell um. Er roch und fühlte sich an wie Esau. Isaak wurde überlistet, mit Jakob statt mit Esau zu beten. Isaak bat Gott, Jakob wohlhabend zu machen. Esau war sehr wütend, als er nach Hause kam. Er hatte das Erstgeburtsrecht und den Segen verloren.

Wer half Jakob, seinen Vater Isaak zu überlisten?

Gott hat recht

Hätte Esau sein Erstgeburtsrecht für einen Teller Eintopf verkaufen dürfen? War es recht von Jakob, seinen Vater mit dem Ziegenfell zu täuschen, um den Segen zu erlangen? Wir sollten immer Gott folgen. Sein Wort ist wahr und hat recht.

8. JOSEF, DER TRÄUMER

(1.MOSE 37)

Jakob wurde Vater von zwölf Jungen und einem Mädchen. Seinem Lieblingssohn Josef schenkte er einen schönen Mantel. Das machte die anderen Brüder eifersüchtig. Sie wurden wütend, als Josef ihnen von einem Traum erzählte, den er hatte. »Wir waren alle auf einem Feld und banden Getreide zusammen. Meine Garbe stand aufrecht, und die euren verbeugten sich vor meiner.« Dann erzählte Josef ihnen einen anderen Traum. »Die Sonne, der Mond und elf Sterne verneigten sich vor mir.« Das machte die Brüder nur noch neidischer.

Eines Tages schickte Jakob Josef los, seine Brüder zu besuchen, die auf die Schafe aufpassten. Als die Brüder Josef kommen sahen, schmiedeten sie einen Plan. »Lasst uns ihn töten«, sagte der eine, »und seine Leiche in eine Grube werfen.« »Nein«, sagte Ruben, der älteste Bruder. »Tut ihm nichts zuleide. Werft ihn einfach in die Grube.« Also rissen sie ihm seinen schönen bunten Mantel ab und warfen Josef in die Grube. Ruben wollte ihn später retten, aber während er unterwegs war, verkauften die anderen Josef für zwanzig Silberstücke an eine Gruppe von Kaufleuten, die auf dem Weg nach Ägypten waren.

Sie tauchten Josefs Mantel in Ziegenblut und zeigten ihn Jakob. Er war untröstlich, weil er glaubte, dass sein Sohn tot war.

Welches besondere Geschenk machte Jakob Josef, seinem Lieblingssohn?

Jesus ist sündlos

Jesus ist sündlos, aber wir sind es nicht. In dieser Geschichte führte eine Sünde zur nächsten. Eifersucht führte zu Hass, dann zu Grausamkeit und Lüge. Gott sagt, dass alle gesündigt haben. Bitte Gott, dir deine Sünden in Jesu Namen zu vergeben.

9. JOSEF IN ÄGYPTEN

(1.MOSE 39–46)

Josef wurde an einen bedeutenden Mann mit Namen Potiphar verkauft. Gott half Josef in dieser schwierigen Situation. Er leistete gute Arbeit. Sein Herr vertraute ihm. Aber Potiphars Frau beschuldigte Josef, etwas getan zu haben, was er nicht getan hatte. Potiphar glaubte seiner Frau und Josef wurde ins Gefängnis geworfen. Doch Gott war auch im Gefängnis mit Josef. Schon bald vertrauten die Gefängniswärter Josef besondere Aufgaben an.

Mit Gottes Hilfe erklärte er dem Diener des Pharaos einen Traum. Aber als der Diener wieder im Palast arbeitete, vergaß er Josef. Dann hatte der Pharao eines Nachts Alpträume. Keiner konnte sagen, was sie bedeuteten. Josef wurde in den Palast gerufen. Gott sagte ihm, dass der Traum eine Hungersnot ankündigte. Josef wurde mit der Vorratshaltung von Nahrungsmitteln betraut, die das Volk in dieser Zeit ernähren sollten. Dann kamen Josefs Brüder nach Ägypten und wollten Lebensmittel kaufen. Sie fielen vor Josef nieder und bettelten um Essen, ohne zu wissen, wer er war. Nachdem Josef sie mehrmals geprüft hatte, sagte er ihnen, wer er war. »Macht euch keine Sorgen«, sagte er. »Gott hat mich hierhergeschickt, um Leben zu retten.«

Jakob war glücklich, wieder mit seinem Sohn Josef vereint zu sein.

Wer half Josef, die Bedeutung vom Traum des Pharaos zu erkennen?

Gott hat alles im Griff

Gott half Josef. Josefs Brüder wollten ihm schaden, aber in Wirklichkeit war das alles Teil von Gottes Plan, Josefs Familie in der kommenden Hungersnot zu helfen.

10. JOCHEBEDS BABY

(2.MOSE 1–2)

Viele Jahre später herrschte ein anderer Pharao über Ägypten. Er hasste die Israeliten. Er machte sie zu Sklaven und warf ihre kleinen neugeborenen Söhne in den Nil. Ein kleiner Junge überlebte jedoch. Er wurde als Sohn von Amram und seiner Frau Jochebed geboren. Sie versteckten das Kind drei Monate lang im Haus, aber als das nicht mehr möglich war, machte Jochebed einen wasserdichten Korb aus Binsen und legte das Kind hinein. Sie nahm den Korb mit zum Fluss und ließ ihn am Ufer zu Wasser.

Die Schwester des Babys, Mirjam, beobachtete aus der Nähe, wie die Tochter des Pharaos zum Fluss hinunterkam, um zu baden. Die Prinzessin sah den Korb und bat darum, ihn zu ihr zu bringen. Als sie das Baby sah, begann es zu weinen. Mirjam trat hinzu und sprach die Prinzessin an. »Soll ich gehen und eine Amme für dich holen?«, fragte sie. Die Prinzessin war einverstanden.

Mirjam rannte los, um ihre Mutter zu holen. Jochebed konnte sich nun offen um ihr Baby kümmern. Die Prinzessin nannte den kleinen Jungen Mose. Als Mose älter war, zog er als Adoptivsohn der Tochter des Pharaos in den Palast. Aber er vergaß nie, dass er zum Volk Gottes gehörte.

Wer hat das Baby gefunden, das in einem Korb auf dem Fluss trieb?

Gott ist treu

Moses Mutter und Vater hatten großes Vertrauen in Gott. Sie vertrauten ihm das Leben ihres kleinen Babys an. Auch wir sollten Gott vertrauen. Wir können darauf vertrauen, dass er uns durch den Tod seines Sohnes, Jesus Christus, von unseren Sünden rettet.

11. MOSE UND DER BRENNENDE BUSCH

(2.MOSE 3–4)

Später, als Mose älter war, floh er aus Ägypten nach Midian. Der Pharao war wütend auf ihn und Mose hatte Angst um sein Leben. In Midian heiratete er eine Frau namens Zippora, aber in Ägypten erging es dem israelitischen Volk immer schlechter. Doch Gott hatte einen Rettungsplan für sie. Eines Tages hütete Mose seine Schafe. Er bemerkte einen Busch, der lichterloh brannte, aber nicht verbrannte, und ging hin, um ihn genauer anzusehen. Gott sprach zu Mose aus dem brennenden Busch: »Mose, Mose.«

»Hier bin ich«, antwortete Mose.

»Zieh deine Sandalen aus«, sagte Gott, »denn du stehst auf heiligem Boden.«

Gott trug Mose auf, zum Pharao zu gehen und ihn aufzufordern, das Volk Gottes ziehen zu lassen. Gott versprach, mit Mose zu sein und sie in ein gutes Land zu bringen. Mose war sich nicht ganz sicher, also zeigte Gott seine Macht, indem er den Stab des Mose in eine Schlange und dann wieder in einen Stab verwandelte. Mose war sich immer noch nicht sicher. »Ich werde nicht wissen, was ich sagen soll«, rief er aus.

»Ich werde dich lehren, was du sagen sollst«, sagte Gott, »dein Bruder Aaron wird dir helfen.«

Daraufhin kehrte Mose nach Ägypten zurück, um dem Pharao entgegenzutreten.

Was war an dem Busch, den Mose sah, außergewöhnlich?

Gott ist mit uns

Als Mose ängstlich und unsicher war, sagte Gott zu ihm: »Ich werde mit dir sein.« Er hat versprochen, auch mit uns zu sein.

12. PLAGEN UND PASSAHFEST

(2.MOSE 4–12)

Mose und Aaron suchten den Pharao auf. »Gott sagt: ›Lasst mein Volk ziehen.‹«

Der Pharao weigerte sich, das zuzulassen. Also schickte Gott den Ägyptern zehn verschiedene Plagen, um dem Pharao eine Lektion über Gottes Macht zu erteilen.

Zuerst wurde der Nil in Blut verwandelt. Die Fische starben. Keiner konnte mehr aus dem Fluss trinken. Doch der Pharao weigerte sich, auf Gott zu hören. Dann kam eine Froschplage – im Palast, im Haus, sogar in den Betten, in den Öfen und in den Backschüsseln waren Frösche. »Schafft mir die Frösche vom Hals und ich lasse das Volk ziehen«, versprach der Pharao. Aber als die Frösche verschwanden, nahm er sein Wort zurück.

Dann kamen Stechmücken, Stechfliegen, Viehpest, die Pockenkrankheit, Hagel, Heuschrecken und Finsternis. Doch der Pharao war starrköpfig. Die zehnte Plage war die schlimmste von allen – die Erstgeborenen in jeder ägyptischen Familie starben. In Ägypten herrschte große Trauer, aber die Erstgeborenen der Israeliten wurden gerettet. Gott hatte ihnen die Anweisung gegeben, das Blut von Lämmern an die Türen ihrer Häuser zu streichen. Wenn der Todesengel das Blut sah, würde er an dem Haus vorübergehen. Die Familien aßen in dieser Nacht ein Festmahl aus gebratenem Lammfleisch. Dieses Fest wurde das Passahfest genannt.

Wie viele Plagen schickte Gott den Ägyptern, um dem Pharao seine Macht zu zeigen?

Jesus ist das Brot des Lebens

Die Israeliten feierten das Passahfest, um sich daran zu erinnern, wie Gott sie aus Ägypten befreite. Auch die Nachfolger von Jesus haben ein besonderes Mahl. Es wird Abendmahl genannt und erinnert sie daran, dass Jesus gestorben ist, um sie von der Sünde zu befreien.

13. DER DURCHZUG DURCH DAS SCHILFMEER

(2.MOSE 13–15)

Nach der zehnten Plage flehte der Pharao die Israeliten an, auszuziehen. So verließ das Volk Gottes Ägypten zu Fuß in Richtung des Landes, das Gott ihnen versprochen hatte. Auf ihrem Weg führte Gott sie tagsüber mit einer Wolkensäule und bei Nacht mit einer Feuersäule.

Als dem Pharao klar wurde, dass alle seine Sklaven fort waren, änderte er seine Meinung erneut. Er schickte Streitwagen und Soldaten, um sie zurückzubringen. Die Israeliten erschraken, als sie merkten, dass die Armee des Pharaos hinter ihnen war und das Schilfmeer vor ihnen lag. »Warum hast du uns hierher gebracht, dass wir hier sterben?«, beschwerten sie sich bei Mose.

»Steht fest und seht zu, was für ein Heil der Herr heute an euch tun wird«, antwortete er. »Der Herr wird für euch streiten.« Mose streckte seine Hand aus und der Herr teilte das Wasser mit Hilfe eines starken Ostwinds. Gott hatte ihnen einen Weg mitten durch das Wasser gebahnt, und so gingen die Israeliten auf trockenem Boden hindurch. Sie sahen die große Macht Gottes und glaubten an ihn. Doch auch das Heer des Pharaos stürmte zwischen die gewaltigen Wasserberge. Aber als sie auf dem Meeresgrund waren, ließ Gott die Räder ihrer Wagen abfallen. Mose streckte seine Hand aus und das Wasser floss dahin zurück, wo es vorher war. Das gesamte ägyptische Heer ertrank. Gottes Volk war in Sicherheit.

Was geschah, als Mose seine Hand über das Meer ausstreckte?

Jesus ist der Erlöser

Wenn wir Jesus vertrauen, befreit er uns bzw. erlöst er uns von der Sünde. Die Israeliten wurden aus der Sklaverei befreit. Jesus rettet uns davor, Sklaven der Sünde zu sein. Wir wollen Gott gefallen, anstatt Unrecht zu tun.

14. IN DER WÜSTE

(2.MOSE 15–17)

Gott sorgte für das Volk Israel, als es durch die Wüste zog. Doch nach einigen Wochen begannen sie, sich zu beklagen. Es gab nicht viel zu essen. Sie sehnten sich nach dem Essen, das sie in Ägypten hatten. Doch sie hätten sich nicht beschweren sollen, denn Gott sorgte für alle ihre Bedürfnisse.

Abends schickte er kleine Wachteln ins Lager und jeden Morgen war der Boden mit seltsamen kleinen, weißen Körnern bedeckt. Das Volk fragte sich, was das sei und sagte zueinander »Manna«; das bedeutet »Was ist das?«, daher der Name. Dieses Manna war Brot vom Himmel und schmeckte wie Honigoblaten. Jede Familie sammelte genug für ihren täglichen Bedarf, aber am sechsten Tag mussten sie zusätzlich genug für den Sabbat sammeln.

Eines Tages brauchten die Israeliten Wasser und Gott gab ihnen auch das. Mose schlug mit seinem Stab an einen Felsen und es strömte mehr als genug Wasser hervor. Gott versorgte sie viele, viele Jahre lang mit allem, was sie brauchten. Vierzig Jahre lang sorgte Gott für Manna. Er sorgte dafür, dass sein Volk genug zu essen und zu trinken hatte, bis es sich in dem Land niedergelassen hat, das er ihnen versprochen hatte.

Wie nannte das Volk das besondere Brot, das Gott ihnen schickte?

Gott ist großzügig

Gott gab den Israeliten, was sie brauchten. Er gibt auch uns, was wir brauchen. Wir sollten zu Gott beten und ihn um unser tägliches Brot bitten. Vergesst nicht, ihm jedes Mal zu danken, wenn ihr esst und trinkt.

15. DIE ZEHN GEBOTE

(2.MOSE 19–20)

Drei Monate nach dem Auszug aus Ägypten erreichte das Volk Gottes den Berg Sinai. Dort sprach Gott zu Mose. Er sagte: »Sag dem Volk: ›Wenn ihr nun meiner Stimme gehorcht und meinen Bund haltet, so sollt ihr mir ein besonderer Schatz sein‹«

 »Alles, was der Herr gesagt hat, werden wir tun«, versprachen sie. Auf dem Berg Sinai gab Gott ihnen Gesetze darüber, wie sie ihn anbeten und wie sie leben sollten. Gott gab Mose zwei Steintafeln mit den Zehn Geboten, die von Gott selbst darauf geschrieben waren. Diese Gebote lauten:

1. Du sollst keinen anderen Gott anbeten als mich.
2. Du sollst dir kein Götzenbild machen.
3. Du sollst den Namen Gottes nicht unnütz gebrauchen.
4. Du sollst den Sabbattag heilighalten.
5. Du sollst deinen Vater und deine Mutter ehren.
6. Du sollst nicht morden.
7. Du sollst nicht ehebrechen.
8. Du sollst nicht stehlen.
9. Du sollst kein falsches Zeugnis ablegen.
10. Du sollst nicht das Eigentum eines anderen begehren.

Worauf schrieb Gott die Zehn Gebote?

Gott ist Liebe

Gott ist Liebe. Wir sollen Gott und unseren Nächsten lieben. Das hat Jesus gesagt, und er hat Gottes Gebote vollkommen eingehalten.

16. SPIONE UND EINE BRONZENE SCHLANGE

(4.MOSE 21)

Gott wies Mose an, zwölf Männer auszusenden, um das verheißene Land zu erkunden. Sie brachten riesige Trauben mit zurück, was zeigte, dass das Land fruchtbar war. Zehn Spione beklagten sich jedoch, dass die Menschen wie Riesen aussahen und dass die Städte große, starke Mauern hatten. Sie wollten nicht angreifen. Zwei andere Spione waren damit überhaupt nicht einverstanden. Kaleb und Josua vertrauten auf Gott. »Rebelliert nicht gegen Gott«, forderten sie. »Der Herr ist mit uns. Habt keine Angst.«

Aber das Volk hörte nicht auf sie und viele rebellierten gegen Gott. Deshalb erlaubte Gott ihnen nicht, das verheißene Land zu sehen. Josua und Kaleb, die Gott vertrauten, gehörten zu denen, die schließlich viele Jahre später das verheißene Land Kanaan erreichten. In der Zwischenzeit beklagte sich das Volk oft über Gott. Eines Tages bestrafte Gott sie, indem er gefährliche Schlangen ins Lager schickte. Viele wurden gebissen und starben. »Wir haben gegen Gott gesündigt«, sagte das Volk zu Mose. »Bitte bete, dass Gott die Schlangen von uns nimmt.« Das tat Mose, und dann sagte Gott ihm, was er tun sollte.

»Mach eine bronzene Schlange«, sagte er, »und hänge sie an einen Pfahl. Wenn jemand gebissen wird, muss er nur diese Schlange ansehen und er wird leben.«

Was brachten die Spione zurück, woran man erkennen konnte, dass das Land sehr fruchtbar war?

Jesus ist der Arzt

In Johannes, Kapitel 3, Vers 14, vergleicht sich Jesus mit der bronzenen Schlange, die erhöht wurde. Jesus wurde erhöht, um an einem Kreuz zu sterben. Er heilt uns von unseren Sünden, wenn wir ihn um Vergebung bitten.

17. ZWEI SPIONE UND EIN ROTES SEIL

(JOSUA 1–6)

Josua führte die Israeliten nach dem Tod von Mose an. »Sei stark und mutig«, sagte Gott zu ihm. »Ich bin mit dir, wohin du auch gehst.« Eines Tages schickte Josua zwei Spione in die Stadt Jericho. Eine Frau namens Rahab versteckte sie auf ihrem Dach, als die Soldaten kamen. Rahab wusste, dass Gott, der Herr, der einzig wahre Gott ist. Die Spione versprachen ihr, freundlich zu ihr zu sein, wenn die Israeliten angreifen würden. Rahab verhalf ihnen dann zur Flucht über ein rotes Seil, das sie an ihr Fenster band. »Die Spione sagten zu ihr: »Binde dieses Seil ans Fenster. Wenn unsere Soldaten es sehen, werden du und deine Familie verschont bleiben.«

Als die Spione zu Josua zurückkehrten, hatten sie gute Neuigkeiten zu berichten.

»Der Herr wird uns das Land geben«, riefen sie aus.

Gott sagte Josua, was er tun sollte. Die israelitischen Soldaten marschierten sechs Tage lang jeweils einmal am Tag um die Stadt herum.

Sieben Priester bliesen in die Widderhörner. Am siebten Tag zogen sie siebenmal um die Stadt. Die Priester bliesen die Posaunen, alle schrien laut und dann fielen die Mauern, wie Gott es versprochen hatte. Und wie die Spione es versprochen hatten, wurden Rahab und ihre Familie verschont.

Warum band Rahab ein rotes Seil an ihr Fenster?

Jesus ist das Leben

Gottes Volk wird von Sünde errettet. Der Name Josua bedeutet »der Herr rettet«. Der Name Jesus bedeutet »Retter«. Durch seinen Tod am Kreuz hat Jesus sein Volk von seinen Sünden gerettet.

18. GIDEONS SCHWERT

(RICHTER 6–8)

Die Midianiter raubten Israels Getreide und Tiere. Gott schickte einen Engel, der mit einem Mann namens Gideon sprach. Der Engel sagte Gideon, dass Gott ihn auserwählt hatte, sein Volk zu retten. Also baute Gideon einen Altar zur Anbetung Gottes und zerstörte die Altäre des falschen Gottes Baal. Dann plante Gideon, mit seinem großen Heer von 32.000 Soldaten gegen die mächtige Armee der Midianiter zu kämpfen. Doch Gott wies Gideon an, sein Heer zu verkleinern, damit sie sich nicht rühmen konnten, aus eigener Kraft gewonnen zu haben.

Jeder Soldat, der Angst hatte, durfte nach Hause gehen und dann durften nur diejenigen bleiben, die am Fluss Wasser aus der Hand tranken. So blieben nur noch 300 Soldaten übrig. Gideon betete, danach wurden die 300 Männer in drei Gruppen aufgeteilt. Jeder Soldat hatte eine Posaune und eine brennende Fackel, die von einem Krug bedeckt war. Als Gideon seine Posaune blies, bliesen alle ihre Posaunen, zerschlugen ihre Krüge und riefen: »Schwert des Herrn und des Gideon!«

Die feindlichen Soldaten waren verängstigt und verwirrt. Sie fingen an, sich gegenseitig zu bekämpfen und liefen davon. Gott hatte die Israeliten mit Hilfe Gideons und einer sehr kleinen Armee gerettet.

Was trug jeder Soldat bei sich in die Schlacht?

Gott muss angebetet werden

Gideon baute einen Altar, um Gott anzubeten. Wir können Gott in der Gemeinde anbeten, wenn wir beten, Loblieder singen oder das Wort Gottes lesen. Wir können Gott auch dadurch ehren, dass wir ihm gehorchen.

19. LIEBE ZUR ERNTEZEIT

(RUTH 1–4)

In Israel herrschte eine Hungersnot und ein Mann namens Elimelech, seine Frau Naomi und ihre beiden Söhne zogen von Bethlehem ins Land Moab, wo es reichlich Nahrung gab. Elimelech starb dort. Als Naomis Söhne erwachsen wurden, heirateten sie moabitische Mädchen – Orpa und Ruth. Doch als beide Söhne starben, waren Orpa, Ruth und Naomi Witwen, die keinen Mann hatten, der sie versorgen konnte. Naomi beschloss, zurück nach Bethlehem zu gehen. Orpa blieb in Moab, aber Ruth bestand darauf, mit Naomi zu gehen. »Wo du hingehst, will auch ich hingehen, und wo du bleibst, will ich auch bleiben: Dein Volk soll mein Volk sein und dein Gott mein Gott.«

Als sie in Bethlehem ankamen, war gerade Erntezeit und Ruth ging auf die Felder, um dort Getreide zu sammeln. Gott führte sie zu einem Feld, das Boas gehörte, der sehr gut zu ihr war. »Ich weiß, wie liebevoll du zu Naomi bist«, sagte er zu ihr, »und wie sehr du auf Gott, den Herrn, vertraut hast.«

Naomi war erfreut zu hören, wie Ruth Boas kennengelernt hatte. Er war ein Verwandter ihres Mannes. Nach dem Gesetz konnte er die Ländereien der Familie zurückkaufen (»erlösen« genannt) und Ruth heiraten. Boas tat dies mit großer Freude. Schließlich schenkte Gott ihnen einen kleinen Sohn, Obed, und Naomi war wieder glücklich.

Wo fand Ruth in Bethlehem eine Arbeit?

Gott belohnt sein Volk

Gott liebt es, sein Volk zu segnen. Ruth folgte Gott. Gott segnete ihr Leben und belohnte sie dafür, dass sie so freundlich zu Naomi war.

20. SAMUEL, DER KNECHT

(1.SAMUEL 1–3)

Hannah hatte keine Kinder. Sie betete zu Gott um ein Kind. Gott erhörte sie und schon bald bekam sie einen kleinen Sohn. Er wurde Samuel genannt, was »von Gott erbeten« bedeutet. Als er älter war, nahm Hannah ihn mit in den Tempel, wo er Gott dienen sollte. Jedes Jahr machte sie ihm ein neues Gewand und besuchte ihn.

Eines Abends, nachdem er seine Arbeit beendet hatte, ging Samuel zu Bett. Plötzlich hörte er eine Stimme, die seinen Namen rief: »Samuel!« Er lief zu Eli, dem Priester, um ihn zu fragen, was er wollte. »Ich habe dich nicht gerufen«, sagte Eli. »Leg dich wieder schlafen.«

Dies geschah drei Mal. Da erkannte Eli, dass Gott Samuel rief. Er sagte Samuel, was er sagen sollte. Als Gott erneut sprach, sagte Samuel: »Rede, Herr, denn dein Knecht hört.« Gott sagte ihm, dass er Elis Familie richten würde, weil seine Söhne ein sündiges Leben führten und weil Eli sie nicht daran gehindert hatte. Elis Söhne wurden im Kampf getötet. Als Eli die schlechte Nachricht hörte, fiel er vor Entsetzen rückwärts vom Stuhl und starb ebenfalls. Samuel wuchs zu einem bedeutenden Mann Gottes heran – zu einem Propheten und Priester, der Gottes Wort lehrte.

Welche Antwort gab Samuel Gott, nachdem dieser ihn ein viertes Mal gerufen hatte?

Gott ist unsere Hilfe

Du kannst Gott von deinen Problemen erzählen und ihn um Hilfe bitten. Samuel hörte auf Gott. Gott spricht zu uns in der Bibel. Wir sollten auf das hören, was er dort zu uns sagt.

21. DAVID, DER HIRTENJUNGE

(1. SAMUEL 16–17)

David war der jüngste Sohn eines Mannes namens Isai. Er hütete die Schafe und beschützte sie vor Löwen und Bären. Eines Tages kam David nach Hause, um einen wichtigen Besucher zu treffen. Der Prophet Samuel war auf der Suche nach einem König. Er hatte schon alle anderen Söhne Isais kennengelernt, aber er war immer noch nicht zufrieden. Als David hereinkam, sagte Gott zu Samuel: »Das ist der Richtige. Salbe ihn zum König.« Samuel goss das Salböl über Davids Haupt. Gott hatte ihn zum König von Israel erwählt. Gott würde David nun auf mächtige Weise beistehen.

Eines Tages besuchte David seine älteren Brüder, die Soldaten im Dienste König Sauls waren. Sie kämpften gegen die Philister. David erfuhr, dass der beste Soldat der Philister ein gewisser Goliath war. Er war über drei Meter groß. Aber als David hörte, wie Goliath Schimpfwörter ausstieß, konnte er nicht verstehen, warum niemand gegen ihn kämpfte. Also bot er an, es selbst zu tun. »Gott wird mir helfen. Er hat mir schon geholfen, gegen einen Löwen und einen Bären zu kämpfen.«

Er wählte fünf glatte Steine und legte einen davon fest in seine Schleuder. Dann streckte er seinen Arm schnell nach vorne und schleuderte den Stein durch die Luft. Der Stein traf Goliath mitten auf die Stirn und er fiel tot um. Die Philister rannten um ihr Leben, verfolgt von Sauls Armee. David war ein Held.

Warum besuchte der Prophet Samuel Davids Haus?

Gott ist unsere Stärke

David vertraute auf Gott, selbst als er dem furchterregenden Goliath gegenüberstand. Auch du kannst auf Gott vertrauen, wenn du Probleme hast.

22. DAVID UND JONATHAN

(1.SAMUEL 18–20)

König Saul wurde eifersüchtig auf David, weil er so beliebt war – er versuchte sogar, David zu töten, aber Gott bewahrte David. Jonathan, Sauls Sohn, war ein guter Freund Davids, und als David sich fragte, ob es sicher sei, den Palast zu besuchen, versprach Jonathan, das herauszufinden und David ein Zeichen zu geben.

Als Jonathan mit seinem Vater sprach, wurde ihm klar, dass Saul David töten würde, wenn er die Gelegenheit dazu bekäme. Also ging Jonathan hinaus, um mit seinem Diener in der Nähe von Davids Versteck Pfeile zu schießen. Er schoss einen Pfeil weit in die Ferne und rief dem Jungen zu: »Siehe, die Pfeile liegen jenseits von dir!« David hörte es und wusste, dass Jonathan ihm damit sagte, er solle fortgehen.

Auch wenn Jonathan der Sohn des Königs war und damit gerechnet haben mag, eines Tages selbst König zu werden, so wusste er doch, dass David von Gott als Herrscher über Israel auserwählt worden war, und er war nicht eifersüchtig. Als dann sowohl Jonathan als auch Saul in einer Schlacht gegen die Philister starben, wurde David schließlich König. Aber er vergaß Jonathan nicht und war sehr gütig zu Jonathans Sohn Mephiboschet. Weil er Jonathans Sohn war, durfte er jeden Tag an König Davids Tisch essen.

Mit welchem Zeichen gab Jonathan David zu verstehen, dass er fortgehen sollte?

Gott ist der Beste

Wir können mit Gott befreundet sein. Jonathan war David ein treuer Freund. Jesus sagt uns, dass wir unseren Nächsten lieben sollen wie uns selbst. Wie kannst du anderen Freundschaft zeigen?

23. SALOMO, DER WEISE

(1.KÖNIGE 2–10)

Salomo regierte Israel nach seinem Vater David. Er bat Gott um ein verständnisvolles Herz, damit er das Volk mit Weisheit richten kann. Gott erfüllte diese Bitte und gab ihm zudem Reichtum und Ehre.

Salomo zeigte seine Weisheit, als zwei Frauen zu ihm kamen. Beide behaupteten, die Mutter desselben Babys zu sein. »Wir wohnen im selben Haus«, erklärte die eine Frau. »Ihr Kind ist in der Nacht gestorben, also hat sie mein Baby gestohlen, während ich schlief.« Die andere Frau leugnete dies: »Nein, das Baby ist meins.« Wie sollte Salomo dieses Problem lösen? »Bringt mir ein Schwert«, befahl er. »Wir werden das Kind in zwei Hälften teilen und euch jeweils eine Hälfte geben.«

»Oh nein«, rief die erste Frau. »Tötet ihn nicht, gebt ihr das Kind.« Nun wusste Salomo, dass sie die richtige Mutter war und gab ihr das Kind.

Salomo war berühmt für seine Weisheit. Sogar die Königin von Saba kam, um mit eigenen Augen zu sehen, ob die Berichte wahr waren. Sie stellte viele Fragen und Salomo konnte ihr alles erklären. Sie war erstaunt über die Pracht von Salomos Hof. »Sie haben nicht übertrieben«, sagte sie. Die beiden Herrscher tauschten Geschenke aus, bevor die Königin von Saba in ihre Heimat zurückkehrte.

Welche wunderbaren Gaben schenkte Gott dem Salomo?

Gott ist weise

Gott kann auch uns weise machen. Die Königin von Saba gab sich große Mühe, König Salomo aufzusuchen. Jesus ist größer und weiser als Salomo. Wie können wir mehr über ihn erfahren? In Gottes Wort, der Bibel.

24. ELIA, DER PROPHET

(1.KÖNIGE 17)

Elia war ein Prophet, der dem Volk Israel Gottes Wort verkündete. Gott befahl ihm, dem König Ahab zu sagen, dass es in Israel für lange Zeit keinen Regen geben würde. Nachdem Elia diese Botschaft verkündet hatte, versteckte er sich am Bach Krit, wo es noch Trinkwasser gab. Gott sorgte für seine Bedürfnisse und schickte ihm jeden Morgen und Abend Raben, die ihm Brot und Fleisch brachten.

Als der Bach ausgetrocknet war, befahl Gott Elia, nach Zarpat zu gehen. Dort lebten eine Witwe und ihr Sohn. Sie teilten ihre letzten Essensvorräte mit Elia. Daraufhin tat Gott ein erstaunliches Wunder. Bis es wieder regnete, wurden ihr Fass mit Mehl und ihr Krug mit Öl nicht leer. Doch eines Tages starb der Sohn der Witwe auf tragische Weise. Sie war darüber sehr verzweifelt. Elia nahm den Jungen mit ins Obergeschoss und legte ihn auf sein Bett. Er streckte sich dreimal über das Kind hin und betete.

Gott erhörte sein Gebet und erweckte den Jungen zum Leben. Elia brachte ihn nach unten zu seiner Mutter. »Nun erkenne ich, dass du ein Mann Gottes bist«, sagte sie, »und dass das Wort des Herrn in deinem Mund Wahrheit ist.«

Was für einen Vogel schickte Gott mit Brot und Fleisch, um Elia zu versorgen?

Gott ist unser Versorger

Gott versorgte Elia in schwierigen Zeiten mit Nahrung. Gott sorgt auch für unsere Nahrung. Lest Matthäus, Kapitel 6, Vers 11, wo Jesus uns sagt, wie wir jeden Tag für unsere Nahrung beten sollen.

25. ELISA UND NAAMAN

(2.KÖNIGE 5)

Naaman war ein Befehlshaber in der syrischen Armee. Er war mutig und hoch angesehen, aber er hatte ein großes Problem. Er litt an einer schrecklichen Hautkrankheit namens Lepra. Eine junge Dienerin aus Israel, die als Sklavin in Naamans Haus arbeitete, hatte eine Idee, wie er geheilt werden könnte. »Wenn er nur den Propheten Elisa in Samaria aufsuchen könnte«, sagte sie zu Naamans Frau. »Der könnte ihn von seiner Krankheit heilen.«

Naaman hörte das und machte sich auf den Weg nach Samaria. Als er bei Elisas Haus ankam, kam Elisa nicht heraus, um ihn zu begrüßen. Stattdessen schickte er einen Boten, der ihm sagte, er solle sich sieben Mal im Jordan waschen. Naaman war empört. »Sind die Flüsse von Damaskus nicht viel besser als alle Flüsse in Israel?«, wütete er.

Seine Diener überredeten ihn, es sich noch einmal zu überlegen: »Wenn der Prophet dir gesagt hätte, etwas Schwieriges zu tun, hättest du es dann nicht getan? Warum tust du dann nicht, was er sagt? Wasch dich und werde rein.« So tauchte Naaman sieben Mal in den Jordan und wurde geheilt.
Als er in Elisas Haus zurückkehrte, sagte er zu ihm: »Der Gott Israels ist der einzig wahre Gott!«

Wer erzählte Naaman von dem Propheten Elisa, der ihn heilen konnte?

Jesus ist der Befreier

Naaman wurde von Lepra gereinigt, indem er sich im Jordan wusch. Gottes Volk wird durch Jesus Christus von der Sünde gereinigt. »Wasche mich, und ich werde weißer sein als Schnee« (Psalm 51, Vers 9 ELB).

26. JOAS, DER KLEINE KÖNIG

(2.CHRONIK 22–23)

Joas war der Sohn von Ahasja, dem König von Juda. Ahasja liebte Gott nicht und wurde getötet, als Joas noch ein Baby war. Als Atalja, die Großmutter von Joas, erfuhr, dass Ahasja tot war, beschloss sie, die gesamte königliche Familie zu töten und sich selbst zur Königin zu machen. Joas' Tante Joschabat jedoch versteckte Joas heimlich im Tempel, wo sie und ihr Mann, der Priester Jojada, sechs Jahre lang für Joas sorgten.

In dieser Zeit schmiedete Jojada einen Plan, um Joas auf den Thron zu bringen. Er ließ die Oberbefehlshaber des Heeres rufen und bat sie, mit all ihren Männern vor dem Tempel Wache zu halten. Jojada holte den siebenjährigen Joas aus dem Tempel, setzte ihm die Krone auf das Haupt und rief ihn zum König aus. Er wurde mit Öl gesalbt, das Volk klatschte in die Hände und rief: »Es lebe der König!«

Als Atalja den Lärm hörte, eilte sie zum Tempel und sah den frisch gekrönten Joas. »Verrat! Verrat!«, schrie sie, aber die Soldaten ergriffen sie und töteten sie.

Joas war vierzig Jahre lang König in Juda. Er war ein guter König, solange er Jojada, den Priester, zur Seite hatte.

Wie alt war Joas,
als er zum König gekrönt wurde?

Gott ist unser Lehrer

Solange Joas auf Jojadas Rat hörte, war er ein guter König. Wir sollten auf gottgefällige Ratschläge von denen hören, die Gott lieben, aber der beste Rat kommt von Gott selbst (2.Timotheus, Kapitel 3, Vers 15).

27. NEHEMIA, GOTTES BAUMEISTER

(NEHEMIA 1–9)

Nehemia lebte im fernen Persien. Seine Aufgabe war es, dem König Wein zu servieren. Aber als er hörte, dass die Mauern seiner Heimatstadt Jerusalem niedergerissen worden waren, betete er zu Gott um Hilfe. Nehemia war sehr traurig. Als der König ihn so sah, fragte er: »Was bedrückt dich?«

»Die Stadt meiner Familie liegt in Trümmern und die Mauern sind niedergebrannt«, antwortete er. »Was brauchst du?«, fragte der König.

Nach einem kurzen Gebet bat Nehemia den König um die Erlaubnis, nach Jerusalem zu gehen und die Mauern wieder aufzubauen. Der König stimmte zu. Als Nehemia in Jerusalem ankam, schaute er sich alle Schäden an. Es gab viel zu tun. Viele Leute wollten ihm helfen, aber einige versuchten, ihn davon abzuhalten. Sie sagten, die Arbeit sei sinnlos. Doch Nehemia vertraute auf Gott und betete um Hilfe. Bald war die Mauer halb fertig. Ein Mann namens Sanballat und seine bösen Freunde wollten sie zerstören, aber Nehemia betete weiter. Er wies die Baumeister

an, ein Schwert in der einen Hand zu tragen und mit der anderen Hand zu arbeiten. Mit Gottes Hilfe wurde die Mauer von Jerusalem in nur zweiundfünfzig Tagen wieder aufgebaut.

Warum war Nehemia traurig?

Gott hört Gebet

Viele Israeliten wurden aus ihrer Heimat verschleppt und gezwungen, in Persien zu leben. Nehemia vergaß Gott und seine Gesetze nicht, als er dort war. Er betete zu Gott.

28. ESTHER, DIE KÖNIGIN

(ESTHER 1–10)

Esther war ein schönes jüdisches Mädchen, das von ihrem Cousin Mordechai in Persien großgezogen wurde. Eines Tages wählte König Ahasveros Esther zu seiner neuen Königin. Sie sagte nicht, dass sie Jüdin war und das war auch gut so, denn Haman, der Diener des Königs, hasste die Juden und plante, sie alle zu töten. Mordechai forderte Esther auf, den König um Hilfe zu bitten. »Wer weiß, ob du nicht aus diesem Grund Königin geworden bist«, sagte er zu ihr.

Esther ging ein großes Risiko ein und suchte den König ohne Einladung auf, aber er war erfreut, sie zu sehen. Esther lud ihn und Haman zu einem Festmahl ein. Das machte Haman sehr selbstgefällig. Er fasste den Plan, Mordechai zu töten, aber sein Plan misslang. Der König fand heraus, dass Mordechai einst ein Komplott zur Ermordung des Königs aufgedeckt hatte. Der König wollte ihn dafür belohnen, dass er ihm das Leben gerettet hatte. Also musste Haman Mordechai auf einem königlichen Pferd, bekleidet mit Krone und Gewand, durch die Stadt führen.

Aber Haman ging zu Esthers Festmahl. Es gefiel ihm so gut, dass er sogar ein zweites Mal hinging. Beim zweiten Festmahl setzte Esther ihren Plan in die Tat um. Sie flehte den König an, ihr Volk vor Hamans bösem Plan zu retten. Der König war so wütend, dass er Haman hinrichten ließ. Mordechai wurde befördert und Hamans Gesetz konnte keinen Schaden anrichten. Gott hatte sein Volk gerettet.

Welche Belohnung erhielt Mordechai dafür, dass er dem König das Leben gerettet hatte?

Gott beantwortet Gebet

Esther ging ein Risiko ein, als sie ohne Einladung vor den König trat. Wir können jederzeit mit Gott reden. Wir brauchen keine Angst zu haben.

29. EIN SEHR GEDULDIGER MANN

(HIOB 1–42)

Hiob lebte im Land Uz. Er hatte 7.000 Schafe, 3.000 Kamele, 500 Paar Rinder, 500 Esel und ein großes Haus. Hiob betete Gott an und Gott war sehr zufrieden mit ihm. Aber eines Tages sagte der Satan, der Böse, zu Gott: »Hiob ist nur deshalb gut, weil er ein leichtes Leben hat. Nimm ihm seinen Besitz weg und er wird dich verfluchen.«

Also erlaubte Gott dem Satan, Hiobs Glauben zu testen, indem er sich an seinem Besitz vergriff. Seine Tiere wurden gestohlen oder vernichtet. Seine Kinder wurden alle getötet. Aber Hiob betete Gott immer noch an und sagte: »Der Herr hat es gegeben und der Herr hat es genommen. Gepriesen sei der Name des Herrn.« Auch als Hiob mit Geschwüren übersät war, war er sehr geduldig. »Wir nehmen das Gute von Gott an; sollten wir nicht auch das Schwere annehmen?« Hiobs Freunde waren kein Trost. Einer sagte, er habe sein Leiden verdient. Aber Hiob vertraute immer noch auf Gott und sagte: »Ich weiß, dass mein Erlöser lebt.«

Als Gott zu ihm sprach, begriff Hiob, wie mächtig Gott ist. Er wandte sich von seinen Sünden ab und betete für seine Freunde. Gott gab Hiob alles zurück, was er verloren hatte. Er schenkte ihm auch wieder Söhne und Töchter. Seine Töchter, Jemima, Kezia und Keren-Happuch, waren sehr schön. Hiob behandelte sie genauso wie ihre Brüder.

Welche schweren Leiden widerfuhren Hiob, um seinen Glauben zu prüfen?

Gott ist unsere Hoffnung

Hiobs Leiden wurde behoben, nachdem er für seine Freunde gebetet hatte. Denkt an die Menschen, für die ihr beten solltet. Bittet Gott, sie zu segnen, ihnen zu vergeben und ihnen zu helfen.

30. DER FEUEROFEN

(DANIEL 3)

Als Juda von Babylon besiegt wurde, wurden viele junge Männer gefangen genommen. Die besten von ihnen wurden im Palast von Nebukadnezar, dem König von Babylon, eingesetzt. Drei dieser jungen Männer waren Sadrach, Mesach und Abednego. Sie liebten Gott und dienten ihm.

Eines Tages ließ Nebukadnezar in der Ebene von Dura eine große goldene Statue aufstellen, vor der alle niederfallen und sie anbeten sollten. Aber Sadrach, Mesach und Abednego weigerten sich, das zu tun. Sie liebten den wahren Gott. Nebukadnezar drohte ihnen, sie in einen Feuerofen zu werfen, aber sie sagten: »Unser Gott kann uns aus diesem Ofen retten. Wir werden euren Göttern nicht dienen.«

Der König befahl, das Feuer siebenmal heißer zu machen als sonst. Sadrach, Mesach und Abednego wurden gefesselt und in die Flammen geworfen. Aber der König war erstaunt, als er sah, wie nicht drei, sondern vier Männer unversehrt im Feuer umhergingen. »Die Gestalt des vierten ist wie die des Sohnes Gottes«, sagte er. Und als Sadrach, Mesach und Abednego aus dem Feuer kamen, war kein Haar versengt. An ihrer Kleidung haftete nicht einmal der Geruch von Rauch. Da erkannte Nebukadnezar, wie mächtig der eine, wahre Gott ist.

Warum warf König Nebukadnezar die drei Männer in den Feuerofen?

Gott ist wirklich da

Die jungen Männer waren mutig, als sie sich für die Wahrheit einsetzten. Bittet Gott, dass er euch den Mut gibt, euch zu weigern, wenn ihr etwas tun sollt, das falsch ist.

31. DANIEL UND DIE LÖWEN

(DANIEL 6)

Auch Daniel wurde nach Babylon verschleppt. Später, als König Darius an die Macht kam, wurde Daniel zum obersten Vorsteher ernannt. Die anderen Beamten waren eifersüchtig. Sie versuchten, an ihm Fehler zu finden, aber er war ehrlich und arbeitete gut. Die Beamten wussten jedoch, dass er dreimal am Tag betete. Sie heckten einen Plan aus und wandten sich an den König. »Du solltest ein Gesetz erlassen, das besagt, dass jeder, der in den nächsten dreißig Tagen zu irgendeinem Gott oder Menschen außer dir betet, in die Löwengrube geworfen werden soll.«

König Darius war geschmeichelt und willigte ein. Aber als Daniel von dem neuen Gesetz erfuhr, wusste er, dass er Gott nicht auf diese Weise ungehorsam sein konnte. Daniel ging sofort in sein Zimmer und betete zu Gott. Die Beamten sahen das und gingen sogleich zu König Darius, der sehr verärgert war. Er wollte nicht, dass Daniel etwas zustößt, aber das Gesetz konnte nicht geändert werden. Daniel wurde den Löwen zum Fraß vorgeworfen. »Möge dein Gott, dem du immer dienst, dich retten«, sagte Darius zu ihm.

In jener Nacht konnte Darius nicht schlafen. Am nächsten Morgen eilte er zur Löwengrube und rief nach Daniel. Wie froh war er, als er Daniels Stimme hörte. »Mein Gott hat seinen Engel geschickt, um den Löwen das Maul zu verschließen.« Gott hatte Daniel in Sicherheit gebracht.

Was tat Daniel, als er von dem neuen Gesetz hörte, das ihm verbot, zu Gott zu beten?

Gott ist unsere Zuflucht

Daniel war sicher, sogar in der Löwengrube, weil Gott mit ihm war. Lest Psalm 4, Vers 9. Gott hilft auch uns, dass wir sicher wohnen.

32. JONA UND DER GROSSE FISCH

(JONA 1–4)

Gott befahl Jona, in die Stadt Ninive zu gehen, um den gottlosen Menschen dort zu predigen. Aber Jona wollte nicht, also lief er nach Joppe und ging an Bord eines Schiffes in Richtung Tharsis. Da schickte Gott einen heftigen und gefährlichen Sturm. Die Seeleute bekamen Angst und als sie herausfanden, dass Jona vor Gott weglief, erschraken sie. »Werft mich über Bord«, sagte Jona. »Der Sturm ist meine Schuld.«

Also warfen die Seeleute Jona in die stürmische See. Sofort beruhigte sich das Meer. Die Seeleute sahen Gottes Allmacht und beteten ihn an. Doch was geschah mit Jona? Nun, Gott schickte einen riesigen Fisch, der Jona ganz verschluckte. Dadurch wurde er vor dem Ertrinken bewahrt. Drei Tage und drei Nächte lang lebte Jona im Bauch des großen Fisches. Er betete zu Gott, dass er ihm verzeihen und ihn retten möge.

Gott sprach zu dem Fisch, und der spuckte Jona an Land aus. Jona bekam eine zweite Chance, Gott zu gehorchen. Diesmal gehorchte er. Er ging mitten in die Stadt Ninive und predigte dem Volk. »In vierzig Tagen wird Ninive wegen seiner Sünde zerstört werden.« Als die Menschen das hörten, taten sie Buße. Sie bereuten, was sie falsch gemacht hatten. Gott hatte Erbarmen und zerstörte die Stadt nicht.

Wie rettete Gott Jona aus dem Meer?

Gott ist gerecht

Als Jona Gott ungehorsam war, verursachte das eine Menge Ärger. Wenn wir Gottes Wort nicht gehorchen, wird das auch für uns Probleme mit sich bringen.

33. JOHANNES DER TÄUFER

(LUKAS 1)

Zacharias war ein Priester im Tempel Gottes. Er war mit einer Frau namens Elisabeth verheiratet. Sie lebten in der Nähe von Jerusalem und liebten Gott. Sie waren alt und lebten ein heiliges Leben, aber Gott hatte ihnen keine Kinder geschenkt.

Eines Tages, als Zacharias allein im Tempel war, erschien ihm ein Engel am Altar. »Fürchte dich nicht, Zacharias«, sagte der Engel. »Denn dein Flehen wurde erhört und Elisabeth, deine Frau, wird dir einen Sohn gebären und du sollst ihn Johannes nennen.« Der Engel sagte ihm, dass das Kind vielen Menschen Freude bringen würde. »Ich bin zu alt«, protestierte Zacharias, »und meine Frau ist zu alt«. Der Engel antwortete: »Weil du mir nicht glaubst, wirst du stumm sein, bis sich meine Worte erfüllen.«

Bald erwartete Elisabeth ein Baby. Sie war überglücklich, als es geboren wurde. Ihre Freunde und Nachbarn dachten, dass das Kind nach seinem Vater benannt werden würde. Seine Mutter sagte: »Nein, er soll Johannes heißen.« Zacharias schrieb: »Sein Name ist Johannes.« Augenblicklich konnte er wieder sprechen und lobte Gott. Gott der Heilige Geist hatte ihm gesagt, dass Johannes eines Tages ein Prediger sein würde, der die Menschen vor der Sünde warnt und sie auf den Herrn Jesus Christus hinweist.

Welche Neuigkeiten überbrachte der Engel dem Zacharias?

Gott gibt gern

Zacharias und Elisabeth warteten lange Zeit auf ein Baby. Wenn wir beten, sagt Gott manchmal »Ja«, manchmal »Nein«, und manchmal »Warte«. Dies alles sind gute Antworten.

34. DIE GEBURT VON JESUS

(MATTHÄUS 1–2)

Maria war eine junge jüdische Frau, die in dem Dorf Nazareth lebte. Eines Tages hatte sie einen außergewöhnlichen Besucher. Der Engel Gabriel kam und überbrachte ihr eine Botschaft von Gott. »Du wirst einen kleinen Jungen bekommen. Du wirst ihn Jesus nennen.« Maria erschrak zunächst, aber der Engel sagte ihr, dass das Kind der Sohn Gottes sein würde.

Josef war mit Maria verlobt. Als er hörte, dass Maria ein Kind erwartete, war auch er in Sorge. Gott sandte Josef im Traum eine Botschaft. »Fürchte dich nicht, Maria zu deiner Frau zu nehmen. Das Kind ist der Sohn Gottes. Du sollst ihm den Namen Jesus geben (das bedeutet Retter), denn er wird sein Volk von seinen Sünden erlösen.« Daraufhin war Josef gerne bereit, Maria zu heiraten.

Später befahl der römische Kaiser, dass alle in ihre Heimatstadt zurückkehren sollten, um sich dort zählen zu lassen. Maria und Josef mussten nach Bethlehem – Josefs Heimatstadt – reisen, um gezählt zu werden. Bethlehem war überfüllt. Sie konnten keinen Platz in der Herberge finden. So mussten sie mit einer Unterkunft vorliebnehmen, wo die Tiere gehalten wurden. Dort wurde Jesus geboren. Maria wickelte ihn in Windeln und legte ihn in eine Futterkrippe, die als Bettchen diente.

Was bedeutet der Name »Jesus«?

Gott ist wunderbar

Lest Johannes, Kapitel 3, Vers 16. Gott hat seinen Sohn als Baby in die Welt gesandt, damit alle, die an ihn glauben, nicht verloren werden, sondern das ewige Leben haben.

35. SCHAFHIRTEN, SIMEON UND HANNAH
(LUKAS 2)

In der Nähe von Bethlehem waren nachts Hirten auf der Weide und hüteten ihre Schafe. Plötzlich erschien ein Engel und die Hirten hatten große Angst. »Habt keine Angst«, sagte der Engel. »Ich bringe eine gute Neuigkeit für euch und für alle Menschen. Heute ist in Bethlehem ein Retter geboren worden – Christus, der Herr. Ihr werdet das Kind finden, in Windeln gewickelt und in einer Krippe liegend.« Dann lobte eine Schar von Engeln Gott: »Ehre sei Gott in der Höhe und Friede den Menschen seines Wohlgefallens.« Die Hirten eilten nach Bethlehem und fanden Maria, Josef und das Kind, so wie es der Engel gesagt hatte. Sie erzählten die frohe Botschaft allen, denen sie begegneten und lobten Gott, als sie wieder an die Arbeit gingen.

Als das Baby acht Tage alt war, erhielt es den Namen Jesus. Maria und Josef brachten das Kind in den Tempel, um es dem Herrn zu weihen und um das vom Gesetz vorgeschriebene Opfer zu bringen. Ein heiliger Mann namens Simeon war überglücklich, das besondere Baby zu sehen. »Jetzt bin ich bereit zu sterben«, sagte er, »denn meine Augen haben das Heil Gottes gesehen«.

Eine gottesfürchtige alte Frau, Hannah, lebte im Tempel und betete den ganzen Tag und auch nachts. Sie dankte Gott, als sie das Jesuskind sah.

Wo fanden die Hirten das Jesuskind?

Jesus ist wunderbar

Die Hirten konnten die gute Neuigkeit nicht für sich behalten. Sie erzählten allen, denen sie begegneten, von Jesus. Auch wir sollten anderen von Jesus erzählen.

36. DIE WEISEN MÄNNER UND IHRE GABEN

(MATTHÄUS 2)

Weise Männer aus dem Morgenland kamen, um Jesus zu suchen. Sie hatten einen besonderen Stern gesehen, der anzeigte, dass der König der Juden geboren worden war. Sie machten sich auf den Weg nach Jerusalem, um ihn zu suchen, fanden ihn dort aber nicht. König Herodes war wütend, als er ihre Geschichte hörte. Seine religiösen Führer sagten ihm: »Der Messias wird in Bethlehem geboren werden«. Also schickte Herodes die Weisen dorthin. »Kommt zurück und sagt mir, wenn ihr ihn gefunden habt, damit ich ihn auch anbeten kann«, sagte er. Doch insgeheim hatte er vor, das Kind stattdessen zu töten.

Die Weisen wurden von dem Stern direkt zu dem Haus geführt, in dem Jesus war. Als sie das kleine Kind sahen, beteten sie es an. Sie wussten, dass es der Sohn Gottes war. Sie gaben ihm schöne Geschenke: Gold, Weihrauch und Myrrhe. Aber sie kehrten nicht zurück, um Herodes zu sagen, wo Jesus war. Gott warnte sie im Traum vor dem bösen Plan des Herodes und sie gingen auf einem anderen Weg in ihre Heimat zurück.

Gott warnte auch Josef. Also nahm er mitten in der Nacht Maria und Jesus und zog nach Ägypten. Dort blieben sie, bis Gottes Engel Josef sagte, es sei sicher, zurückzukehren. Als sie nach Israel zurückkehrten, ließen sie sich in dem Dorf Nazareth nieder.

Was führte die weisen Männer zu dem Haus, in dem Jesus war?

Jesus soll angebetet werden

Auch du kannst Jesus anbeten. Die Weisen beteten Jesus an und gaben ihm Geschenke. Auch wir können ihm Geschenke machen – indem wir ihn mit ganzem Herzen, ganzer Seele, ganzer Kraft und ganzem Verstand lieben.

37. DAS KIND JESUS

(LUKAS 2 UND MARKUS 6)

Jesus wuchs in Nazareth mit seinen Brüdern und Schwestern auf. Er war weise und gut und tat immer, was Gott, seinem Vater, gefiel. Jedes Jahr gingen Josef und Maria nach Jerusalem, um am Passahfest teilzunehmen. Sie nahmen Jesus zum ersten Mal mit, als er zwölf Jahre alt war.

Als es an der Zeit war, nach Hause zu gehen, reiste eine große Menschenmenge zurück nach Nazareth. Aber am nächsten Tag konnten Maria und Josef Jesus nicht finden. Sie dachten, er sei bei jemandem aus der Gruppe. Schnell eilten sie zurück nach Jerusalem, um nach ihm zu suchen. Nachdem sie drei Tage lang gesucht hatten, fanden sie Jesus im Tempel, wo er mit den Lehrern sprach und Fragen stellte. Alle waren erstaunt über seine klugen Antworten. Auch Maria und Josef waren erstaunt. Maria fragte ihn: »Mein Sohn, warum hast du uns das angetan? Dein Vater und ich haben dich schon verzweifelt gesucht.«

Jesus antwortete: »Warum habt ihr mich gesucht? Wusstet ihr nicht, dass ich im Haus meines Vaters sein muss?« Er meinte damit den Tempel, das Haus Gottes. Jesus kehrte mit Maria und Josef nach Nazareth zurück. Er war ein guter, gehorsamer Sohn und wurde mit zunehmendem Alter immer weiser. Er arbeitete als Zimmermann, wie Josef.

Wo fanden Maria und Josef Jesus?

Jesus ist weise

Jesus lernte über Gott, seinen Vater, und über die Heilige Schrift. Er diskutierte mit den Lehrern über weise Themen. Auch wir können in Gottes Wort lesen und herausfinden, was Gott uns sagen will.

38. JESUS LÄSST SICH TAUFEN

(MATTHÄUS 3)

Johannes der Täufer war ein Prediger, der die Menschen aufforderte, sich von ihren Sünden zu bekehren. Er lebte ein einfaches Leben in der Wüste von Judäa. Viele Menschen aus Judäa und Jerusalem kamen, um ihn predigen zu hören. Sie bekannten ihre Sünden, bereuten sie aufrichtig und wandten sich von ihnen ab, hin zu Gott. Sie ließen sich von Johannes im Jordan taufen, was ein Zeichen dafür war, dass ihre Sünden abgewaschen wurden.

Eines Tages kam Jesus an den Jordan, um Johannes zu sehen. Er bat Johannes, ihn zu taufen. Johannes war überrascht. »Ich hätte es nötig, von dir getauft zu werden, aber du kommst zu mir?«

Jesus überzeugte ihn, dass es damit seine Richtigkeit hatte. So taufte Johannes Jesus im Jordan. Als er aus dem Fluss stieg, öffnete sich der Himmel und der Geist Gottes kam auf ihn herab in Gestalt einer Taube. Die Stimme Gottes des Vaters sprach: »Dies ist mein geliebter Sohn, an dem ich Wohlgefallen habe.«

Jesus hatte selbst keine Sünde, aber er wurde getauft, um anderen ein Vorbild zu sein und um uns zu zeigen, dass er zwar sündlos und Gott war, aber auch ganz Mensch.

Es gefiel Gott, was Jesus getan hatte.

Wie lautete die Botschaft von Johannes dem Täufer, als er dem Volk predigte?

Gott ist erstaunlich

In Matthäus, Kapitel 3, Verse 16-17, lesen wir von Gott dem Vater, der vom Himmel herab spricht, von Gott dem Sohn, der aus dem Jordan steigt, und von Gott dem Heiligen Geist, der wie eine Taube herabkommt.

39. JESUS WIRD VOM SATAN VERSUCHT
(MATTHÄUS 4)

Jesus wurde vom Heiligen Geist in die Wüste geführt. Dort war er vierzig Tage lang und aß nichts. Der Teufel kam und wollte ihn dazu verführen, etwas Falsches zu tun. Er forderte ihn auf, zu beweisen, dass er der Sohn Gottes sei, indem er Steine in Brot verwandelte. Jesus tat dies nicht. Er antwortete dem Teufel mit einem Vers aus der Bibel. »Der Mensch lebt nicht vom Brot allein, sondern von einem jeden Wort, das aus dem Mund Gottes kommt« (5. Mose, Kapitel 8, Vers 3).

Der Teufel versuchte es erneut. »Beweise, dass du der Sohn Gottes bist und stürze dich vom Tempeldach. Gott sagt, dass seine Engel dir helfen werden.« Jesus weigerte sich. Wieder zitierte er Gottes Wort. »Du sollst den Herrn, deinen Gott, nicht auf die Probe stellen« (5. Mose, Kapitel 6, Vers 16).

Der Teufel versuchte es ein drittes Mal. Er führte Jesus auf einen hohen Berg und zeigte ihm die Reiche der Welt. »Bete mich an«, sagte er, »und ich werde sie dir alle geben.« Jesus weigerte sich und zitierte erneut Gottes Wort. »Du sollst den Herrn, deinen Gott, anbeten und ihm allein dienen« (5. Mose, Kapitel 11, Vers 13).

Daraufhin wich der Teufel von Jesus. Engel kamen und kümmerten sich um ihn. Jesus wurde versucht zu sündigen, aber er gab nicht nach. Er konnte nicht sündigen. Er war Gottes vollkommener Sohn.

Was benutzte Jesus bei jeder Versuchung, um dem Teufel zu antworten?

Jesus ist mächtig

Jesus hat Macht über die Sünde und den Teufel und kann uns helfen, wenn wir versucht sind, zu sündigen. Unsere Sünden können von Gott durch Jesus Christus vergeben werden. Er hat die Sünde am Kreuz besiegt.

40. DIE ZWÖLF JÜNGER

(MARKUS 1–3)

Als Jesus am See Genezareth entlangging, sah er zwei Fischer, Simon und seinen Bruder Andreas, die ein Netz ins Meer warfen. »Kommt und folgt mir nach«, sagte Jesus, »und ich werde euch zu Menschenfischern machen.« Anstatt Fische in einem Netz zu fangen, würde Gott sie benutzen, um Menschen zu sich zu ziehen. Sogleich verließen sie ihre Netze und folgten Jesus. Jesus gab Simon einen neuen Namen – Petrus, was so viel wie »Fels« bedeutet. Ein Stück weiter traf er zwei andere Fischer, Jakobus und seinen Bruder Johannes. Jesus rief auch sie. Sie ließen ihren Vater Zebedäus im Boot mit den angeheuerten Männern zurück und folgten Jesus.

Levi war Zöllner. Eines Tages rief Jesus Levi auf, ihm nachzufolgen. Er gehorchte und wurde ebenfalls ein Jünger. Sein Name wurde in Matthäus geändert. Jesus wählte zwölf Männer aus, die seine besonderen Helfer, die Jünger, werden sollten. Sie hießen Simon Petrus, Andreas, Jakobus, Johannes, Philippus, Bartholomäus, Thomas, Matthäus, ein anderer Jakobus, Thaddäus, ein anderer Simon und Judas Ischariot. Diese Männer zogen mit Jesus umher. Ihre besondere Aufgabe war es, den Menschen die gute Nachricht von Gott zu verkünden.

Was sagte Jesus zu Andreas und Petrus, als er sah, wie sie das Netz ins Meer warfen?

Jesus ist liebevoll

Jesus liebt die Seinen. Er starb für sie. Er sagt uns, dass wir uns gegenseitig lieben sollen. Das wird anderen zeigen, dass wir seine Nachfolger sind (Johannes, Kapitel 13, Vers 35). Wie können wir anderen Liebe zeigen?

41. DAS WUNDER AUF DER HOCHZEIT

(JOHANNES 2)

Jesus und seine Mutter Maria waren zu einer Hochzeit in der Stadt Kana eingeladen. Auch die Jünger Jesu waren unter den Gästen. Während des Festes stellten die Diener fest, dass kein Wein mehr da war. Maria erzählte Jesus von dem Problem und sprach zu den Dienern: »Tut alles, was Jesus euch sagt.«

In dem Raum standen sechs große steinerne Wasserkrüge. Jeder fasste 100 Liter. »Füllt diese Wasserkrüge mit Wasser«, wies Jesus die Diener an. Sie füllten sie bis zum Rand. »Schöpft einen Becher voll und bringt ihn zu dem Mann, der für das Festessen verantwortlich ist.«

Der Mann trank einen Schluck und rief den Bräutigam zu sich. »Das ist guter Wein«, sagte er. »Normalerweise schenkt man den guten Wein zuerst aus. Aber du hast den guten Wein bis jetzt aufbewahrt.«

Die Diener, die die Wasserkrüge mit Wasser gefüllt hatten, wussten, dass Jesus ein Wunder vollbracht hatte. Das Wasser war in Wein verwandelt worden. Dies war das erste Wunder Jesu. Als seine Jünger sahen, was geschehen war, glaubten sie an ihn.

Was war es, das Jesus den Dienern auftrug?

Jesus wirkt Wunder

Jesus vollbrachte sein erstes Wunder, als er Wasser in Wein verwandelte. Er vollbringt immer noch Wunder, wenn er das Leben der Menschen verändert, die auf ihn vertrauen.

42. DIE FRAU AM BRUNNEN

(JOHANNES 4)

Jesus war in Samaria und setzte sich an einen Brunnen, um sich auszuruhen. Die Jünger gingen in eine nahe gelegene Stadt, um Lebensmittel zu kaufen. In diesem Augenblick kam eine Frau, um Wasser aus dem Brunnen zu schöpfen, und Jesus bat sie um etwas zu trinken. Sie war überrascht, dass er sie ansprach, denn Juden und Samariter sprachen nicht miteinander. Jesus und die Frau hatten ein wunderbares Gespräch. »Wenn du wüsstest, wer es ist, der dich jetzt um Wasser bittet, dann hättest du ihn um Wasser gebeten und er hätte dir lebendiges Wasser gegeben«, sagte Jesus. Die Frau verstand zunächst nicht wirklich, wovon Jesus sprach. Er sprach nicht von dem Wasser im Brunnen, sondern von der wahren Erfüllung, die man erfährt, wenn man den Herrn liebt und ihm als Retter vertraut.

Jesus sagte der Frau, dass die Art und Weise, wie sie lebte, sündhaft war. Sie erkannte, dass Jesus etwas Besonderes war. Jesus machte ihr klar, wie wichtig es ist, Gott von Herzen anzubeten. Er sagte ihr, dass er der verheißene Messias, der Sohn Gottes, sei, und sie glaubte an ihn. Schnell verließ sie ihren Wassertopf und lief los, um allen zu sagen: »Kommt und seht einen Mann, der alles über mich weiß. Ist das nicht der Christus?« Viele Menschen glaubten aufgrund dessen, was sie sagte.

Wie fing Jesus seine Unterhaltung mit der Frau an?

Jesus ist
Gott und Mensch

Der Herr Jesus war sowohl Gott als auch Mensch. Schaut euch Johannes, Kapitel 4, Verse 6 und 7, an. Diese Verse zeigen uns, dass Jesus, ebenso wie wir, müde und durstig wurde.

43. DIE GESCHICHTE VOM SÄMANN

(MATTHÄUS 13)

Jesus erzählte einmal eine Geschichte von einem Bauern und seinem Feld. »Als der Bauer seine Saat ausstreute, fielen einige Samen auf den Weg. Die Vögel fraßen sie. Einige fielen auf steinigen Boden. Die Samen wuchsen schnell, aber wenn die Sonne heiß schien, verdorrten die Triebe und starben, weil die Wurzeln nicht an die Feuchtigkeit herankamen. Andere Samen fielen zwischen Dornen und Unkraut, die die guten Pflanzen erstickten. Aber einige Samen fielen auf guten Boden. Diese gediehen und brachten eine gute Ernte ein.« Das Volk hörte diese Geschichte gerne, aber nicht jeder verstand sie, also erklärte Jesus seinen Jüngern die Geschichte bzw. das Gleichnis.

Der Same ist wie das Wort Gottes. Manche Menschen hören Gottes Wort, aber der Teufel macht, dass sie es vergessen. Das ist wie die Saat auf dem Weg, die von den Vögeln weggefressen wird. Andere Menschen hören Gottes Wort und hören gerne zu. Aber wenn Schwierigkeiten kommen, schwindet ihr Interesse. Sie sind wie die Saat auf dem flachen, steinigen Boden. Die Samen, die in die Dornen gesät wurden, sind wie Menschen, die Gottes Wort hören, aber Reichtum und Vergnügungen ersticken ihr Interesse an der Bibel. Aber es gibt Menschen, die das Wort Gottes hören, es lieben und ihm gehorchen. Sie sind wie der Same, der auf guten Boden gefallen ist.

Welche Gruppe von Menschen entspricht der Saat, die auf den guten Boden gesät wurde?

Jesus ist unser Lehrer

Jesus erzählte viele Gleichnisse oder einfache Geschichten, die es leichter machten, sich die Lektion zu merken. Wenn ihr Gottes Wort hört, beherzigt ihr es und gehorcht ihr ihm?

44. DIE GESCHICHTE VOM BAUMEISTER

(MATTHÄUS 7)

Jesus war ein wunderbarer Prediger und Lehrer. Er benutzte oft Geschichten von alltäglichen Begebenheiten. In diesen Geschichten steckten verborgene Aussagen über Gott und sein Reich. Nur diejenigen, die Gott vertrauten und an ihn glaubten, konnten ihre wahre Bedeutung verstehen.

Eine Geschichte, die Jesus erzählte, handelte von zwei Männern, die jeweils ein Haus für sich und ihre Familie bauten. Der eine Mann war weise. Er baute sein Haus auf einen Felsen – das Fundament war fest und stark. Als der Sturm wehte und der Regen niederprasselte, stand das Haus sicher und fest. Jesus sagte, dass wir wie der weise Mann sind, wenn wir hören, was Gott uns in der Bibel sagt und es in unserem Leben in die Tat umsetzen. Unser Leben wird auf einem festen Fundament stehen und den Stürmen und Schwierigkeiten des Lebens standhalten.

Der andere Mann war töricht. Er baute sein Haus auf den Sand. Als der Sturm kam, wurde das Fundament weggespült und das Haus stürzte ein. Wenn wir Gottes Wort hören und ihm nicht gehorchen, sind wir wie dieser törichte Mann. Unser Leben wird in Trümmern liegen.

Worauf baute der kluge Mann sein Haus?

Jesus ist Herr

Gott möchte, dass ihr sein Wort lest und dem gehorcht, was er euch in seinem Wort sagt. Eines der wichtigsten Dinge, die er euch aufträgt, ist, »an den Herrn Jesus Christus zu glauben«.

45. DIE STILLUNG DES STURMS

(MARKUS 4)

Jesus und die Jünger machten sich auf, um auf die andere Seite des Sees von Galiläa zu segeln. Dieser See war manchmal ein gefährlicher Ort. Plötzlich und aus dem Nichts konnten heftige Stürme aufkommen. Riesige Wellen schlugen gegen die kleinen Fischerboote. Während sie den See überquerten, schlief Jesus auf einem Kissen im hinteren Teil des Bootes ein. Doch schon bald brach ein großer Sturm los. Die Wellen waren so heftig und hoch, dass das Wasser direkt über die Bordwand des Bootes lief.

Die Jünger waren in großer Angst, obwohl Jesus bei ihnen war. Als die Jünger es nicht mehr aushielten, riefen sie Jesus, um ihn aufzuwecken. »Herr, rette uns!«, riefen sie. »Ist es dir egal, dass wir ertrinken werden?«

Jesus stand auf, sprach zu Wind und Meer und sagte: »Friede! Seid still!« Der Wind hörte auf zu wehen und das Meer wurde ruhig. »Warum habt ihr euch so gefürchtet?«, fragte er die Jünger. »Wie schwach ist doch euer Glaube!« Die Jünger waren erstaunt angesichts der Macht, die Jesus über Wind und Meer hatte.

Warum hatten die Jünger solche Angst?

Jesus ist Gott

Schaut euch Psalm 107, Vers 29 an. Dort steht, dass Gott die Stürme und Wellen beruhigt. Was Jesus tat, war ein Beweis dafür, dass er Gott ist.

46. JESUS SPEIST EINE GROSSE MENSCHENMENGE

(MATTHÄUS 14 UND JOHANNES 6)

Jesus und seine Jünger fuhren über den See zu einem ruhigen Ort. Viele Menschen kamen zu Fuß zu diesem Ort und als Jesus dort ankam, wollte eine Menschenmenge von über 5.000 Menschen seine Predigt hören. Jesus hatte Mitleid mit ihnen. Er lehrte sie und heilte viele kranke Menschen.

Am Abend baten die Jünger Jesus, die Leute wegzuschicken, um Essen zu kaufen. »Könnt ihr ihnen nicht etwas zu essen geben?«, fragte Jesus. Andreas meldete sich zu Wort. »Hier ist ein Junge, der hat fünf kleine Brote und zwei kleine Fische. Wie können davon so viele Menschen satt werden?« Jesus sagte den Jüngern, sie sollten die Leute auffordern, sich auf der Wiese zu lagern. Dann nahm er die Brote und Fische und dankte Gott für sie. Jesus brach sie in Stücke und reichte sie den Jüngern, die sie an die vielen Menschen weitergaben. Alle hatten genug zu essen.

Danach räumten die Jünger auf und sammelten zwölf Körbe mit Essensresten ein. Jesus hatte für mehr als genug gesorgt. Es war ein Wunder! Jesus, der Schöpfer aller Nahrung, hatte aus den fünf Broten und zwei Fischen genug gemacht, um über 5.000 Menschen zu versorgen!

Was tat Jesus, bevor die Jünger das Essen austeilten?

Gott ist mächtig

Ein Wunder ist ein außergewöhnliches Ereignis, das durch Gottes Macht geschieht. Jesus gab den Menschen Brot zu essen. In Johannes, Kapitel 6, Vers 35, lesen wir, dass Jesus das Brot des Lebens ist – das einzige, was wirklich satt macht.

47. JAIRUS' TOCHTER WIRD GEHEILT

(MARKUS 5)

Jairus war ein angesehener jüdischer Führer. Als seine zwölfjährige Tochter sehr krank wurde, bat er Jesus, zu kommen und sie zu heilen. Jesus machte sich auf den Weg zum Haus des Jairus, aber ringsherum waren Menschenmassen. Plötzlich blieb Jesus stehen und fragte: »Wer hat mich berührt?«

Eine verängstigte Frau trat aus der Menge und erzählte ihm ihre Geschichte. »Ich bin seit zwölf Jahren krank und habe mein ganzes Geld für Arztrechnungen ausgegeben. Nichts hat geholfen. Als ich dich, Jesus, sah, dachte ich, ich müsste nur den Saum deines Gewandes berühren, und ich könnte geheilt werden. Sobald ich ihn berührte, war ich geheilt.«

Jesus sprach der Frau Mut zu und ging dann weiter zum Haus des Jairus, aber ein Diener eilte auf Jairus zu. »Deine Tochter ist tot«, meldete er ihm. Als Jesus das hörte, sagte er: »Hab keine Angst. Glaube einfach und sie wird gesund werden.«

Als er ankam, nahm er die Hand des jungen Mädchens und sagte: »Kleines Mädchen, steh auf.« Sofort erwachte sie wieder zum Leben und stand aus dem Bett auf. Ihre Mutter und ihr Vater waren überglücklich. »Gebt ihr etwas zu essen«, ordnete Jesus an.

Wie wurde die Frau von ihrer Krankheit geheilt? Und wie wurde die Tochter des Jairus geheilt?

Jesus ist mächtig

Jesus zeigte seine Vollmacht über Krankheit und Tod. Er half einer Frau, die zwölf Jahre lang krank gewesen war, und einem jungen Mädchen, das bis zu diesem Zeitpunkt zwölf Jahre lang gesund gewesen war.

48. JESUS LEHRT AUF EINEM BERG

(MATTHÄUS 5–7)

Jesus begann zu predigen, als er etwa dreißig Jahre alt war. Seine erste Predigt hatte das Thema: »Tut Buße!« – Buße heißt, Sünde wirklich zu bereuen und sich von ihr ab- und Gott zuzuwenden. Eines Tages hielt Jesus, auf einem Berg sitzend und umgeben von seinen Jüngern, eine kraftvolle Predigt. Sie ist reich an guten Ratschlägen, wie man leben soll. Jesus lehrte, dass die Liebe im Leben sehr wichtig ist. Es reicht nicht aus, nur die zu lieben, die gut zu uns sind. Jesus sagt, dass wir auch die lieben sollen, die unsere Feinde sind.

Jesus lehrt, wie man betet. Wir sollten an einem stillen, verborgenen Ort beten und nicht versuchen, vor anderen Menschen aufzutrumpfen. Gott weiß, was wir brauchen. Er möchte, dass wir zu ihm beten. Wenn ein kleiner Junge seinen Vater um Brot bittet, würde er ihm dann einen Stein geben? Wenn der Junge um einen Fisch bäte, würde der Vater ihm doch niemals eine Schlange geben. So gibt Gott im Himmel seinen Kindern, die zu ihm beten, gute Dinge.

Jesus warnt uns davor, anderen gegenüber kritisch zu sein. Wenn wir an jemandem etwas auszusetzen haben, sind unsere eigenen Fehler oft noch größer. Jesus sagte: »Du sagst deinem Freund, er habe ein Staubkorn in seinem Auge, während du selbst ein großes Holzstück in deinem Auge hast.«

Was gibt Gott im Himmel seinen Kindern, die zu ihm beten?

Gott ist unser Wegweiser

Ein Teil der Predigt Jesu in Matthäus, Kapitel 5, heißt »die Seligpreisungen«. Er lehrt uns, wie wir wirklich glücklich sein können. Vergesst nicht, dass der himmlische Vater seinen Kindern Gutes geben wird.

49. MARIA UND MARTHA

(LUKAS 10 UND MARKUS 14)

Maria und ihre Schwester Martha wohnten mit ihrem Bruder Lazarus in der Stadt Bethanien. Sie waren gute Freunde von Jesus. Er ging manchmal in ihr Haus, um mit ihnen zu essen. Eines Abends war Martha damit beschäftigt, ein Essen für Jesus zuzubereiten. Ihre Schwester Maria saß still neben Jesus und hörte sich seine weisen Lehren an.

Martha war müde und verärgert, weil sie die ganze Arbeit zu erledigen hatte. »Warum sagst du Maria nicht, dass sie mir helfen soll, Herr?«, fragte sie. »Ist es dir egal, dass sie mich mit der ganzen Arbeit allein lässt?«

»Martha, Martha«, erwiderte Jesus liebevoll. »Du bist besorgt und kümmerst dich um viele Dinge. Aber eines ist das Wichtigste. Maria tut das Richtige. Was sie gewählt hat, wird ihr immer zum Vorteil sein.«

Einige Zeit später war Jesus zu einer weiteren Mahlzeit in Bethanien. Martha war wieder damit beschäftigt, die Speisen zu servieren. Maria kam mit einem sehr kostbaren Gefäß mit parfümierter Salbe und goss sie über Jesu Füße. Sie schenkte ihm ihr kostbarstes Gut. Einige beschwerten sich, dass dies eine Verschwendung sei, aber Jesus freute sich über ihre liebevolle Tat.

Warum war Martha müde und verärgert?

Jesus ist geduldig

Seid nicht so sehr mit Dingen beschäftigt, dass ihr keine Zeit habt, die Bibel zu lesen oder daraus zu hören. Martha war zu beschäftigt, doch Jesus sagte ihr das auf eine weise und liebevolle Art.

50. LAZARUS

(JOHANNES 11)

Martha und Maria waren besorgt. Ihr Bruder Lazarus war krank. Sie sandten nach Jesus. Jesus hörte davon, eilte aber nicht gleich nach Bethanien, wo sie wohnten. Als er im Dorf ankam, war Lazarus bereits seit vier Tagen tot. Das Haus von Martha und Maria war voll mit Freunden, die gekommen waren, um sie zu trösten. Martha lief Jesus entgegen: »Wärst du doch hier gewesen«, sagte sie, »dann wäre Lazarus nicht gestorben.«

»Dein Bruder wird auferstehen«, versicherte Jesus ihr. Martha glaubte Jesus und ging beruhigt nach Hause, um ihrer Schwester zu sagen, dass Jesus sie sehen wollte. Maria ging zu Jesus und erzählte ihm von ihrer Traurigkeit. Dann gingen sie zu dem Ort, an dem Lazarus begraben war. Jesus weinte. »Nehmt den Stein weg«, wies Jesus die Leute an. Sie schoben den Stein von der Öffnung des Grabes weg. Jesus betete zu Gott dem Vater und rief dann laut: »Lazarus, komm heraus!«

Lazarus stieg aus dem Grab und Maria und Martha waren überglücklich, dass ihr Bruder wieder zum Leben erweckt war. Viele Menschen glaubten an Jesus, weil sie die Vollmacht Jesu mit eigenen Augen sahen.

Was rief Jesus am Grab des Lazarus?

Jesus ist bereit zuzuhören

Wenn ihr traurig seid, erzählt es dem Herrn Jesus. Er versteht, wie wir uns fühlen. Er hat selbst Traurigkeit empfunden. Wir können jederzeit zu ihm beten. Er ist immer bereit, zuzuhören.

51. ZACHÄUS

(LUKAS 19)

Zahlreiche Menschen drängten sich auf die Straßen von Jericho, um Jesus zu sehen. Auch Zachäus, der Zöllner, war da. Niemand mochte ihn. Er war ein Betrüger. Er hatte sich bereichert, indem er den Leuten zu viele Steuern abverlangte. Aber auch er wollte Jesus sehen und weil er klein war, konnte er nicht über die Köpfe der Leute hinwegsehen, die vor ihm standen. Aber er löste dieses Problem, indem er die Straße entlanglief und auf einen Baum kletterte, um gute Sicht zu haben. Als Jesus zu der Stelle kam, blieb er stehen und sah zu Zachäus hinauf. »Beeil dich, Zachäus«, sagte Jesus. »Ich möchte heute in dein Haus kommen.«

Zachäus war hocherfreut, Jesus in seinem Haus willkommen zu heißen. Die Leute murrten. Sie waren nicht begeistert, dass Jesus zu Gast bei Zachäus, dem Betrüger, war. Doch die Begegnung mit Jesus veränderte Zachäus' Leben. »Herr, ich will die Hälfte meines Geldes den Armen geben«, sagte er zu Jesus. »Wenn ich jemanden betrogen habe, will ich ihm viermal so viel zurückgeben.«

Jesus sagte: »Heute ist diesem Haus Heil widerfahren. Der Sohn des Menschen ist gekommen, zu suchen und zu retten, was verloren ist.«

Wie konnte Zachäus einen guten Blick auf Jesus erhaschen?

Jesus ist der Freund

Zachäus vertraute Jesus und sein Leben wurde verändert. Er musste nicht erst besser werden, bevor Jesus zu ihm sprechen würde. Jesus ist gekommen, um Sünder zu retten. Das könnt ihr in Lukas, Kapitel 19, Vers 10, nachlesen.

52. EIN VERLORENES SCHAF UND EINE VERLORENE MÜNZE

(LUKAS 15)

Die religiösen Führer, Pharisäer genannt, beschwerten sich darüber, dass Jesus mit Sündern aß. Jesus erklärte, dass Sünder für ihn wichtig seien. Er erzählte Geschichten oder Gleichnisse darüber, wie Gott verlorene Sünder findet. Wer an ihn glaubte, würde die Bedeutung dieser Geschichten verstehen.

Ein Mann hatte einhundert Schafe, aber eines ging verloren. Er ließ die neunundneunzig Schafe zurück und machte sich auf die Suche nach dem verlorenen Schaf. Er gab nicht auf, bis er es gefunden hatte. Er legte das verlorene Schaf auf seine Schultern und ging glücklich nach Hause. Er rief seine Freunde zu sich, um zu feiern. »Freut euch mit mir, denn ich habe mein verlorenes Schaf gefunden.« Genauso herrscht im Himmel jedes Mal Freude, wenn Gott einen verlorenen Sünder findet, der Buße tut.

Eine Frau hatte zehn wertvolle Münzen, verlor aber eine. Sie suchte sie überall. Sie zündete ihre Lampe an und fegte das ganze Haus. Als sie sie fand, war sie überglücklich. Sie erzählte es ihren Freunden und Nachbarn. Auch sie waren glücklich. Jesus sagte, dass die Engel im Himmel sich sehr freuen, wenn ein verlorener Sünder Buße tut und von ihm gefunden wird.

Was tat die Frau, als sie ihre verlorene Münze gefunden hatte?

Gott ist bereit zu vergeben

Im Himmel herrscht Freude, wenn ein Sünder Buße tut. Buße tun bedeutet, sich von der Sünde ab- und Gott zuzuwenden, indem wir unsere Sünde wirklich bereuen. Gott ist bereit, uns zu vergeben.

53. JESUS HEILT EINEN BLINDEN

(JOHANNES 9)

Jesus und seine Jünger begegneten einem Mann, der von Geburt an blind war. Jesus spuckte auf den Boden und machte aus dem Speichel und Staub einen Brei. Den Brei trug er auf die Augen des Blinden auf. »Geh und wasche dich im Teich von Siloah«, wies er ihn an.

Der blinde Mann ging hin und wusch sich die Augen im Teich. Plötzlich konnte er sehen. Er war durch die Kraft Gottes geheilt worden. Die Leute waren erstaunt. Einige konnten nicht glauben, dass er es war. Der Mann sagte: »Ich bin der Mann, der blind geboren wurde. Ein Mann namens Jesus hat mir einen Brei auf die Augen geschmiert und mir gesagt, ich solle mich im Teich waschen, und jetzt kann ich sehen.«

»Wo ist dieser Mann?«, fragten sie.

»Ich weiß es nicht«, antwortete er. Jesus war nicht mehr da.

Die Pharisäer tadelten Jesus und den Mann, aber der Mann freute sich, dass er wieder sehen konnte. »Ich war blind, aber jetzt sehe ich«, rief er aus.

Als er wieder mit Jesus sprach, betete er ihn als den Sohn Gottes an. »Herr, ich glaube«, sagte er.

Was tat Jesus für den blinden Mann?

Jesus ist wundervoll

Dem Mann wurden zwei wunderbare Gaben geschenkt. Er empfing das Augenlicht und die Gnade, an Jesus Christus glauben zu können.

54. DER BARMHERZIGE MANN

(LUKAS 10)

Jesus sagte, dass wir unseren Nächsten lieben sollen. Ein Rechtsgelehrter wollte wissen, wen Jesus mit dem »Nächsten« meinte. Daraufhin erzählte Jesus eine Geschichte von einem Mann, der auf einer gefährlichen Straße von Jerusalem nach Jericho unterwegs war. Plötzlich wurde er von Räubern überfallen, zusammengeschlagen und am Straßenrand liegen gelassen. Ein Priester kam vorbei, eilte aber weiter, so schnell er konnte. Als nächstes kam ein Levit, ebenfalls ein religiöser Mann. Er sah sich den verletzten Mann an, aber er half nicht. Die nächste Person, die vorbeikam, war ein Samariter. Juden und Samariter sprachen normalerweise nicht miteinander. Aber dieser Mann hatte Mitleid mit dem Verletzten. Er leistete ihm Erste Hilfe, setzte ihn auf seinen Esel und brachte ihn in eine nahe gelegene Herberge. Er blieb sogar eine Nacht, um sich um ihn zu kümmern.

Am nächsten Tag gab der Samariter dem Gastwirt noch etwas Geld. »Kümmere dich um diesen Mann. Wenn du noch mehr Geld für ihn ausgibst, werde ich dich das nächste Mal bezahlen, wenn ich vorbeikomme.«

»Wer war der Nächste des verletzten Mannes?«, fragte Jesus. »Derjenige, der freundlich zu ihm war«, antwortete der Rechtsgelehrte.

»Geh hin und sei auch du ein guter Nächster«, sagte Jesus.

Welche Hilfsmaßnahmen hat der Samariter für den verletzten Mann ergriffen?

Gott ist freundlich

Es war überraschend, dass der Samariter für den verletzten Mann der Nächste war. Könntet auch ihr auf eine überraschende Weise freundlich und hilfsbereit zu jemandem sein?

55. DER GUTE HIRTE

(JOHANNES 10)

Schafe kennen die Stimme ihres Hirten und folgen ihm. Schafe laufen vor Fremden weg, weil sie Angst haben, aber sie vertrauen ihrem Hirten. Jesus nennt sich selbst den guten Hirten. Sein Volk sind die Schafe. Sein Volk kennt seine Stimme und wird ihm folgen. Sie haben keine Angst. Sie vertrauen ihm.

Der Hirte sorgt dafür, dass seine Schafe in Sicherheit sind. Er ist bereit, sein Leben zu geben, um seine Schafe zu beschützen. Jesus, der gute Hirte, gab sein Leben für sein Volk, damit es am Ende im Himmel sicher ist.

Der Hirte kennt seine Schafe, und die Schafe kennen ihn. Jesus, der gute Hirte, kennt die Seinen und liebt sie. Die Seinen kennen und lieben auch ihn. Jesus kennt und liebt die Seinen so sehr, dass er sein Leben für sie gab.

David schrieb viele Psalmen und kannte den Herrn als einen guten Hirten.

»Der Herr ist mein Hirte«, sang er. »Mir wird nichts mangeln. Er weidet mich auf grüner Aue und führet mich zum frischen Wasser.«

Der gute Hirte führt seine Herde zum Futter und zum erfrischenden Wasser. Jesus, unser guter Hirte, führt uns zu Stärkung und Erfrischung in seinem Wort.

Wer ist unser Guter Hirte?

Jesus ist unser Hirte

Der Hirte in Israel ging vor seinen Schafen her und sie folgten seiner Stimme. Jesus möchte, dass wir ihm folgen, indem wir auf sein Wort – die Bibel – hören und ihm gehorchen.

56. DAS GEBET DES ZÖLLNERS

(LUKAS 18)

Jesus erzählte einmal eine Geschichte von zwei sehr unterschiedlichen Männern, die in den Tempel gingen, um zu beten. Der eine war ein Pharisäer, ein sehr strenger Mann. Er dachte, er hätte immer recht und war sehr kritisch gegenüber anderen Menschen. Der andere Mann war ein Zöllner. Er hatte viele Dinge getan, die falsch waren und das wusste er auch. Als der Pharisäer betete, war er stolz auf sich und dachte, er sei sehr gut. »O Gott, ich danke dir, dass ich nicht bin wie die übrigen Menschen, Räuber, Ungerechte, Ehebrecher, oder auch wie dieser Zöllner. Ich faste (verzichte auf Essen) zweimal in der Woche und gebe dir den Zehnten von allem, was ich erwerbe.« Er vertraute auf seine eigene Güte, um Gunst bei Gott zu finden. Das war sinnlos.

Der Zöllner war anders. Er wusste, dass er ein Sünder war. Er senkte sein Haupt und betete. »Gott, sei mir gnädig, ich bin ein Sünder.« Gott erhörte und beantwortete sein Gebet. Das Gebet des Zöllners war demütig. Er suchte bei Gott Vergebung für seine Sünde. Er empfing Vergebung. Der Pharisäer erkannte seine Not nicht; er empfing keine Vergebung.

Wir müssen erkennen, dass wir Sünder sind und Gott bitten, Erbarmen mit uns zu haben, wie es der Zöllner tat.

Wie lautete das Gebet des Zöllners?

Gott ist barmherzig

Wenn ihr etwas Unrechtes tut, bittet Gott um Vergebung. Er möchte, dass wir das unverzüglich tun. Die Bibel sagt: »Wer seine Missetat bekennt und lässt, der wird Barmherzigkeit erlangen« (Sprüche, Kapitel 28, Vers 13).

57. NACH JERUSALEM

(MARKUS 11)

Jesus und seine Jünger machten sich auf den Weg nach Jerusalem. Als sie den Ölberg erreichten, schickte Jesus zwei von ihnen in ein nahegelegenes Dorf. »Dort werdet ihr einen Esel finden. Er ist noch nie geritten worden. Bindet ihn los und bringt ihn zu mir. Wenn euch jemand fragt, was ihr da tut, sagt ihm: Der Herr braucht diesen Esel«.

Die beiden Jünger fanden den Esel, so wie Jesus es gesagt hatte. Als der Besitzer sie fragte, was sie vorhatten, sagten sie: »Der Herr braucht ihn.« Der Besitzer erlaubte ihnen, den Esel zu Jesus zu bringen. Die Jünger legten ihm Kleider auf den Rücken und Jesus ritt auf dem Esel nach Jerusalem.

Viele Menschen schlossen sich der Prozession an. Manche schnitten Palmzweige ab und legten sie vor Jesus auf den Weg. Andere legten ihre Umhänge nieder. Sie riefen freudig: »Hosianna! Gepriesen sei der König, der im Namen des Herrn kommt!«

Jesus ritt in die Stadt, als er die Lobgesänge hörte, und als er zum Tempel kam, verjagte er die raffgierigen Händler, die den Tempel als Marktplatz nutzten. Kleine Kinder sangen Loblieder und jubelten Jesus zu. Er war erfreut, sie zu hören.

Was legten die Leute vor Jesus auf den Weg, als er auf dem Esel ritt?

Jesus ist der König der Könige

Sein Reich besteht aus allen Menschen, die auf ihn vertrauen. Ein König reitet auf einem schönen Pferd zum Sieg. Jesus hatte nur einen Esel, aber er besiegte die Sünde am Kreuz.

58. DAS ABENDMAHL

(LUKAS 22 UND MATTHÄUS 26)

Jedes Jahr nahm das Volk Gottes das Passahmahl zu sich, um sich daran zu erinnern, wie Gott es aus der Sklaverei in Ägypten befreit hatte. Jesus wollte dieses Mahl mit seinen Jüngern einnehmen und schickte Petrus und Johannes, um es vorzubereiten. »Folgt dem Mann, der einen Wasserkrug trägt«, sagte Jesus. »Er wird euch zu einem Haus führen. Der Besitzer wird euch ein großes Zimmer im Obergeschoss zeigen. Bereitet dort alles vor.«

Sie folgten den Anweisungen des Herrn Jesus, und später kamen Jesus und die anderen hinzu. Das Passahmahl bekam in dieser Nacht eine neue Bedeutung. Jesus brach das Brot und reichte es in die Runde. »Das ist mein Leib«, sagte er. Er reichte auch einen Kelch mit Wein herum: »Das ist mein Blut. Wenn ihr das Brot esst und den Wein trinkt, denkt an mich«.

Heute nennen wir dies das Abendmahl. Die Nachfolger Jesu gedenken noch immer auf diese Weise seines Todes. Jesus wies seine Jünger an, dies zu tun, bis er wiederkommt. Doch eine Person im Obergemach liebte den Herrn nicht. Jesus wusste, dass Judas Ischariot ihn verraten würde. Als er ihn darauf hinwies, verließ Judas Ischariot den Raum. Danach sprach Jesus viele Stunden lang mit seinen Freunden. Sie sangen einen Lobpreis-Psalm, bevor sie zum Ölberg gingen.

Woher wussten Petrus und Johannes, zu welchem Haus sie gehen sollten?

Jesus ist der Weg zu Gott dem Vater

Das Brot wurde gebrochen und der Wein wurde ausgeschenkt. Dies soll uns daran erinnern, dass der Leib Jesu verletzt und sein Blut vergossen wurde, als er am Kreuz für Sünder starb.

59. IM GARTEN GETHSEMANE

(MATTHÄUS 26)

Jesus und die Jünger gingen in einen Garten namens Gethsemane. »Setzt euch hierher«, sagte er, »während ich bete.« Petrus, Jakobus und Johannes nahm er mit sich. »Ich bin betrübt«, sprach er zu ihnen. »Bleibt hier und leistet mir Gesellschaft.«

Dreimal ging Jesus allein zum Beten. Jedes Mal schliefen Petrus, Jakobus und Johannes ein. »Warum schlaft ihr?«, fragte er sie. »Steht auf und betet.« In diesem Moment erschien Judas Ischariot mit einer Schar von Soldaten. Sie waren alle mit Schwertern und Knüppeln bewaffnet. Sie waren von den Hohenpriestern und Ältesten gesandt worden.

Judas begrüßte Jesus mit einem Kuss. Das war kein Ausdruck der Freundschaft, sondern ein Hinweis für die Soldaten, wer von ihnen Jesus war. Daraufhin packten die Soldaten Jesus, um ihn abzuführen. Petrus schlug mit dem Schwert zu und hieb dem Diener des Hohenpriesters ein Ohr ab. » Hört auf damit«, sagte Jesus. Er berührte das Ohr des Mannes und es war sofort geheilt. »Dies alles geschieht, damit die Schrift erfüllt wird.« Die Jünger liefen verängstigt davon.

Jesus wurde verhaftet und in den Palast des Hohenpriesters gebracht.

Was taten Petrus, Jakobus und Johannes, während Jesus betete?

Jesus ist vollkommen

Judas war ein schlechter Mensch. Er verkaufte den sündlosen Herrn Jesus für dreißig Silberstücke an seine Feinde. Später fühlte er sich schuldig, aber seine Reue und Umkehr zu Gott waren nicht echt.

60. PETRUS VERLEUGNET JESUS

(MATTHÄUS 26)

Jesus wurde vor Gericht gestellt. Die Leute erzählten dem Richter Lügen über ihn. Sie verspotteten ihn und bespuckten ihn. Petrus saß im Innenhof. Er setzte sich zu den Dienern an ein Feuer. Er wollte wissen, was mit Jesus geschehen würde. Eine Magd ging auf Petrus zu und fragte: »Warst du nicht einer von denen, die mit Jesus aus Galiläa umherzogen?« Petrus antwortete: »Ich weiß nicht, wovon du redest.«

Dann ging er auf den Vorplatz hinaus und eine andere sah ihn und sagte zu den Leuten: »Dieser Mann war auch bei Jesus von Nazareth.« Petrus leugnete wieder: »Ich kenne den Mann nicht!«

Nach kurzer Zeit sagte ein Mann zu Petrus: »Du bist doch sicher einer der Jünger Jesu, denn du redest wie sie.« Petrus erwiderte barsch: »Ich kenne den Mann nicht!«

Sogleich krähte ein Hahn. Jesus drehte sich um und sah Petrus an. Petrus erinnerte sich, dass Jesus am Tag zuvor zu ihm gesagt hatte: »Bevor der Hahn kräht, wirst du mich dreimal verleugnen.« Petrus war sehr traurig. Er ging hinaus und weinte bitterlich.

Was sagte Petrus, als eine Magd ihn fragte, ob er mit Jesus herumgezogen war?

Jesus ist gnädig

Als Petrus seine Sünde bereute, vergab ihm Jesus. Später wurde er ein mutiger Prediger des Evangeliums. Gott vergibt immer noch Sündern, die Buße tun. Er kann uns Mut geben, Problemen die Stirn zu bieten.

61. JESUS STIRBT

(MATTHÄUS 27, MARKUS 15)

Jesus wurde weggeführt, um gekreuzigt zu werden. Er sollte an ein Holzkreuz genagelt und dem Sterben überlassen werden. Aber zuerst musste er das Kreuz auf seinem Rücken tragen. Es war sehr schwer, also erlaubten sie ihm, Hilfe von einem Mann namens Simon anzunehmen.

Auf Golgatha, einem Hügel außerhalb Jerusalems, nagelten sie Jesus an das Kreuz und richteten es auf. Jesus war nicht zornig. Er betete voller Liebe zu Gott: »Vater vergib ihnen, denn sie wissen nicht, was sie tun.«

Von zwölf Uhr mittags bis drei Uhr nachmittags herrschte Finsternis über dem ganzen Land. Jesus trug die Strafe für die Sünden seines ganzen Volkes. »Warum hast du mich verlassen?«, rief er in Todesangst zu Gott. Dann, kurz bevor er starb, rief er im Todeskampf: »Vater, in deine Hände befehle ich meinen Geist«.

Der schwere Vorhang im Tempel zerriss in zwei Teile. Ein Erdbeben spaltete die Felsen. Gräber öffneten sich und die Toten wurden wieder lebendig. Diese wunderbaren Dinge versetzten die Soldaten in Schrecken. An jenem Abend nahmen ein reicher Mann namens Josef und sein Freund den Leichnam Jesu vorsichtig vom Kreuz und legten ihn in ein Gartengrab.

Ein großer Stein wurde vor die Öffnung geschoben.

Was hat Jesus für diejenigen erbeten, die ihn an das Kreuz nagelten?

Jesus ist herrlich

Als der Vorhang zerriss, war das ein Zeichen dafür, dass Jesus etwas Wunderbares getan hatte. Aufgrund dessen, was er am Kreuz getan hat, können wir direkt vor Gott treten und Vergebung für unsere Sünden erhalten.

62. JESUS IST WIEDER LEBENDIG

(JOHANNES 20 UND MARKUS 16)

Am frühen Sonntagmorgen gingen einige Frauen zu dem Grab, in das Jesus gelegt worden war. Sie wollten den Leichnam mit Ölen salben, hatten aber Bedenken, ob sie den großen Stein bewegen könnten. Als sie ankamen, sahen sie, dass der Stein bereits weggewälzt war. Der Leichnam Jesu war nicht da. Ein Engel sprach zu ihnen. »Ihr sucht Jesus von Nazareth, der gekreuzigt wurde. Er ist auferstanden. Er ist nicht hier. Sagt seinen Jüngern und Petrus, dass er sie in Galiläa aufsuchen wird.«

Petrus und Johannes liefen, so schnell sie konnten, zum leeren Grab, wo sie die ordentlich gefalteten Grabtücher sahen. Sie glaubten nun, was die Frauen ihnen gesagt hatten. Maria Magdalena weinte im Garten. Sie sprach mit einem Mann, den sie für den Gärtner hielt. Der Mann nannte ihren Namen, »Maria«. Da wusste sie, dass er Jesus war.

In den folgenden Tagen erschien Jesus allen Jüngern und auch vielen anderen Menschen. Über 500 Menschen sahen den auferstandenen Herrn Jesus. Er kam direkt in den Raum, in dem sich die Jünger verborgen hielten. Sie waren erschrocken, doch er sprach zu ihnen: »Friede sei mit euch!«

Was sagte der Engel zu den Frauen, die das Grab leer vorfanden?

Jesus gibt es wirklich

Thomas glaubte erst, dass es Jesus war, als er die Wunden der Nägel in seinen Händen sah. Wir können Jesus nicht wie er sehen, aber wir sollen dennoch an ihn glauben. Alle, die das tun, werden gesegnet sein.

63. PICKNICK AM SEEUFER

(JOHANNES 21)

Eines Abends waren Petrus und einige andere Jünger am See von Galiläa. Petrus wollte fischen gehen. Die anderen beschlossen, mit ihm zu gehen. Sie fischten die ganze Nacht, doch sie fingen nichts. Als der Morgen anbrach, sahen sie einen Mann am Ufer, der sie beobachtete. Er fragte sie, ob sie etwas zu essen hätten. »Nein«, antworteten sie.

»Werft euer Netz nach einmal auf der rechten Seite des Bootes aus, dann werdet ihr etwas fangen«, sagte er. Als sie das taten, fingen sie eine große Menge an Fischen.

Da erkannte Johannes Jesus. »Es ist der Herr«, sagte er zu Petrus. Petrus sprang ins Wasser und schwamm schnell an Land. Dort hatte Jesus ein Feuer und eine Mahlzeit mit bereits gegarten Fischen und Brot vorbereitet. Jesus sagte zu ihnen: »Bringt die Fische mit, die ihr gerade gefangen habt.« Petrus zog das Netz an Land und sie zählten den Fang: Einhundertdreiundfünfzig große Fische! Und obwohl der Fischfang so groß war, war das Netz nicht zerrissen.

»Kommt und esst etwas«, sagte Jesus. Er reichte das Brot und die Fische in die Runde und aß auch selbst davon.

Was hatte Jesus zum Frühstück vorbereitet?

Jesus lebt!

Jesus lebt auch heute. Wir können ihn nicht mit unseren Augen sehen, aber er erhört Gebete und verändert Leben. Am Ufer aß er Brot und Fisch, um den Jüngern zu zeigen, dass er ein Mensch ist und lebt!

64. JESUS KEHRT ZURÜCK IN DEN HIMMEL

(LUKAS 24 UND APOSTELGESCHICHTE 1)

In den vierzig Tagen, die Jesus nach seiner Auferstehung von den Toten auf der Erde weilte, wurde er von mehr als 500 Menschen gesehen. Als Jesus und seine Jünger aus der Stadt Jerusalem zum Ölberg gingen, sagte Jesus ihnen, dass der Heilige Geist zu ihnen kommen würde. »Ihr werdet eine besondere Kraft empfangen«, sagte er. Jesus sagte ihnen, was sie dann tun sollten. »Ihr werdet die gute Nachricht über mich in Jerusalem und in ganz Judäa und Samarien und bis an das Ende der Erde verkünden.«

Dann hob er die Hände auf und segnete sie; und er wurde vor ihren Augen auf einer Wolke in den Himmel aufgenommen. Die Jünger waren erstaunt. Sie standen da und schauten hinauf in den Himmel, wohin Jesus gegangen war. Zwei Engel in weißen Kleidern standen neben ihnen. »Warum starrt ihr in den Himmel?«, fragten sie. »Ihr habt gesehen, wie Jesus in den Himmel aufgenommen wurde. Eines Tages wird er genauso wiederkommen, wie er in den Himmel aufgefahren ist.«

Das erfüllte die Jünger mit Freude. Sie kehrten nach Jerusalem zurück und waren bereit, mit dem großen Werk der Verkündigung des Evangeliums zu beginnen. Sie lobten Gott und beteten ihn an.

Wo wollte Jesus, dass seine Jünger die gute Nachricht über ihn verkünden?

Jesus ist im Himmel

Der Heilige Geist ist Gott, gleich mit Gott dem Vater und Gott dem Sohn an Macht und Herrlichkeit. Jesus ist heute im Himmel und sitzt zur rechten Hand Gottes.

65. DER PFINGSTTAG

(APOSTELGESCHICHTE 2)

Am Pfingsttag, einem besonderen Fest, waren die Jünger in einem Haus versammelt. Plötzlich gab es ein lautes Geräusch wie von einem starken Wind. Sie alle sahen Feuerzungen auf dem Kopf eines jeden von ihnen. Dann konnten sie alle in fremden Sprachen reden. Gott der Heilige Geist war gekommen und hatte ihnen seine Kraft gegeben, um ihnen zu helfen, anderen Völkern das Evangelium zu verkünden. Diesen Männern wurde der besondere Name »Apostel« gegeben.

Viele Ausländer besuchten Jerusalem. Als sie Petrus und die anderen verstanden, waren sie erstaunt. Jeder hörte das Evangelium in seiner eigenen Sprache. Viele staunten über die Macht Gottes, aber einige lachten und sagten: »Die müssen betrunken sein!«

Petrus wandte sich an die Menge. »Hört mir zu«, sagte er, »diese Menschen sind nicht betrunken. Der Heilige Geist ist zu ihnen gekommen. Ich möchte euch von Jesus erzählen. Er hat viele großartige Wunder getan. Ihr habt ihn grausam getötet. Doch er ist von den Toten auferstanden.«

Die Menschen waren von der Predigt des Petrus sehr bewegt und fragten ihn, was sie tun sollten. Petrus sagte ihnen: »Tut Buße und lasst euch auf den Namen Jesu Christi taufen.« Etwa 3.000 Menschen glaubten an diesem Tag an den Herrn Jesus Christus.

Was verkündete Petrus dem Volk in seiner Predigt über Jesus?

Gott baut seine Gemeinde

Wenn ein Sünder an Christus glaubt, dann aufgrund des Wirkens Gottes. Keiner beschließt von sich aus, es zu tun. Nach Pfingsten kamen viele zu Christus. »Der Herr aber tat täglich zur Gemeinde hinzu« (Apostelgeschichte, Kapitel 2, Vers 47 nach SLT).

66. STEPHANUS, DER MÄRTYRER

(APOSTELGESCHICHTE 6–7)

Stephanus liebte Jesus, aber einige böse Menschen beschuldigten ihn zu Unrecht, Falsches über Gott gesagt zu haben. Er wurde vor das Hohe Gericht der Juden gebracht, wo mehrere Leute Lügen gegen ihn vorbrachten. Als Stephanus aufstand, um zu antworten, leuchtete sein Gesicht wie das eines Engels. Gott half ihm, die richtigen Worte zu finden. Stephanus erinnerte die Menschen an Gottes Güte und daran, wie sie sich gegen Gott gewandt hatten. Er beschuldigte sie sogar, Jesus ermordet zu haben. Das machte die Priester wütend, aber Stephanus, erfüllt vom Heiligen Geist, richtete seinen Blick gen Himmel und erblickte den Herrn Jesus. »Seht«, sagte er, »ich sehe den Himmel offen und Jesus zur Rechten Gottes stehen.«

Die Priester schrien und stürzten sich auf Stephanus, zerrten ihn aus dem Tempel und aus der Stadt. Sie hoben große Steine auf und bewarfen ihn damit. Stephanus betete für sich selbst und für die Leute, die ihn umbringen wollten: »Herr Jesus, nimm meinen Geist auf und trage ihnen diese Sünde nicht nach.« Er zeigte echte christliche Liebe zu seinen Feinden. Ein Mann namens Saulus beobachtete alles, was an jenem Tag geschah.

Stephanus betete für sich selbst.
Für wen betete er noch?

Jesus ist der Herr der Herren

Stephanus war ein Märtyrer. Er wurde getötet, weil er auf Jesus vertraute. Betet für Christen, die heute in ähnlicher Weise leiden. Denkt daran, dass Jesus der Herr aller Herren ist. Wir können ihm jederzeit vertrauen.

67. DAS WUNDER AUF DEM WEG
(APOSTELGESCHICHTE 9)

Saulus war ein streng religiöser Mann. Er hasste die Christen und tat, was er konnte, um ihnen zu schaden. Eines Tages reiste er nach Damaskus, um Nachfolger von Jesus zu verhaften. Auf der Straße in der Nähe von Damaskus erstrahlte ein helles Licht vom Himmel. Saulus stürzte zu Boden. Er hörte eine Stimme, die sagte: »Saul, Saul, was verfolgst du mich?«

»Wer bist du, Herr?«, fragte Saulus.

»Ich bin Jesus, den du verfolgst«, kam die Antwort. »Es ist gefährlich für dich, gegen mich zu kämpfen. Geh nach Damaskus und man wird dir sagen, was du tun sollst.«

Als Saulus seine Augen öffnete, konnte er nichts sehen. Er war drei Tage lang blind und aß nicht und trank nicht. Dann sandte Gott Ananias, um ihm zu helfen. Ananias hatte Angst vor der Begegnung mit Saulus, doch er tat, was Gott ihm sagte. »Bruder Saulus«, sagte er, »der Herr Jesus, der dir auf dem Weg erschienen ist, hat mich zu dir gesandt, damit du wieder sehend wirst und mit dem Heiligen Geist erfüllt wirst.«

Sofort konnte Saulus wieder sehen. Er ließ sich taufen, um zu zeigen, dass er nun an Jesus glaubte. Er begann, anderen die gute Nachricht von dem Herrn zu erzählen, und sein Name wurde in Paulus geändert.

Warum stürzte Saulus auf seinem Weg nach Damaskus zu Boden?

Gott ist frei

Saulus schrieb an Timotheus: »Jesus ist gekommen, um Sünder zu retten, von denen ich der größte bin. Aber mir ist Erbarmung widerfahren« (1.Timotheus, Kapitel 1, Vers 15-16 nach SLT). Auch wir sind Sünder und sollten Gott um Erbarmen bitten.

68. TABEA UND IHR NÄHKORB

(APOSTELGESCHICHTE 9)

Petrus reiste umher, predigte das Evangelium und heilte Menschen. Viele Leute glaubten an den Herrn aufgrund dessen, was sie sahen und hörten.

Eine gute Frau namens Tabea lebte in der Stadt Joppe. Sie liebte den Herrn Jesus. Sie diente ihm, indem sie Kleider für arme Kinder und ihre Mütter nähte. Aber eines Tages wurde Tabea krank und starb. Ihre Freunde waren sehr bestürzt. Sie hörten, dass der Apostel Petrus in der Nähe war. »Lasst uns nach ihm schicken«, sagten sie.

Als Petrus bei Tabeas Haus ankam, waren ihre Freundinnen weinend in ihrem Zimmer. Sie zeigten Petrus die Kleider, die Tabea für sie genäht hatte. Petrus forderte sie alle auf, das Zimmer zu verlassen. Er kniete nieder und betete. Dann wandte er sich an Tabea und sagte: »Tabea, stehe auf!«

Sie öffnete die Augen und als sie Petrus sah, richtete sie sich auf. Petrus nahm ihre Hand und half ihr aus dem Bett. Er rief alle ihre Freunde zurück. »Hier ist Tabea, sie lebt wieder.«

Die Nachricht von diesem wunderbaren Ereignis verbreitete sich in der Stadt Joppe, und viele glaubten daraufhin an den Herrn Jesus.

Nach wem sandten Tabeas Freunde?

Jesus ist freundlich

Tabea zeigte ihre Liebe zu Jesus durch ihre Freundlichkeit gegenüber armen Familien. Sie war ein gütiger Mitmensch, wie der Mann auf Seite 122. Jesus ist der Gütigste von allen. Seine liebevollste Tat war, dass er für Sünder starb.

69. PAULUS, DER MISSIONAR
(APOSTELGESCHICHTE 13–14)

Paulus wurde Missionar und reiste an viele ferne Orte, um anderen von Jesus zu erzählen, der für Sünder gestorben war. Auf seiner ersten Reise begleiteten ihn Barnabas und Johannes Markus. Sie segelten nach Zypern, um über Jesus zu predigen. Johannes Markus kehrte dann nach Hause zurück, aber Paulus und Barnabas reisten weiter nach Asien, durch das Land, das wir heute Türkei nennen. Viele Menschen hörten die Verkündigung des Evangeliums und glaubten an Jesus. Andere waren eifersüchtig und wollten Paulus und Barnabas loswerden.

In Lystra wurde ein verkrüppelter Mann geheilt, als Paulus ihn ansprach. Die Menschen waren so beeindruckt, dass sie Paulus und Barnabas anbeteten. Darüber waren die beiden sehr verärgert. »Wir sind auch nur Menschen, wie ihr«, riefen sie ihnen zu. »Ihr solltet den lebendigen Gott anbeten, der Himmel und Erde und alles, was darauf ist, gemacht hat.«

Da fingen einige Juden an, gegen Paulus und Barnabas zu reden. Die Menge, die zuvor Paulus angebetet hatte, begann nun, ihn mit Steinen zu bewerfen. Weil sie meinten, er sei tot, schleppten sie ihn aus der Stadt und ließen ihn liegen. Die Gläubigen kamen, um ihm zu helfen. Am nächsten Tag zogen Paulus und Barnabas weiter in eine andere Stadt.

Es war falsch, dass die Menschen Paulus und Barnabas anbeteten. Wen sollen wir anbeten?

Gott ist der eine wahre Gott

Gott hat Paulus geholfen. Er kann auch uns helfen. Er möchte, dass wir ihm treu sind. Er ist der einzig wahre Gott. In 2. Mose, Kapitel 20, Vers 3, sagt er: »Du sollst keine anderen Götter neben mir haben.«

70. PAULUS GEHT ERNEUT AUF REISEN
(APOSTELGESCHICHTE 16)

Auf seiner zweiten Reise nahm Paulus Silas und Timotheus mit. Timotheus war schon als Kind von seiner Mutter und Großmutter in der Bibel unterrichtet worden. Gott der Heilige Geist führte sie in die Hafenstadt Troas. In jener Nacht hatte Paulus eine Vision. Ein Mann bat ihn: »Komm herüber nach Mazedonien und hilf uns!« Sogleich segelten Paulus und seine Freunde nach Mazedonien in Europa. Gott wollte, dass dort das Evangelium gepredigt wird.

Sie verweilten einige Tage in Philippi. Am Sabbat gingen sie an den Fluss, wo einige Frauen beteten. Eine aus der Gruppe, Lydia, war eine Geschäftsfrau, die schöne Stoffe verkaufte. Sie wusste über Gott Bescheid, aber an diesem Tag öffnete der Herr ihr das Herz, damit sie im Stillen auf die Botschaft des Evangeliums reagierte. Sie vertraute auf den Herrn Jesus Christus. Sie und ihre Familie ließen sich taufen. Paulus und seine Freunde kamen zu ihr nach Hause.

Auf dem Weg zum Gebetstreffen traf Paulus eine Sklavin, die ihre Besitzer mit Wahrsagerei reich gemacht hatte. Gott benutzte Paulus, um sie von einem bösen Geist zu befreien. Sie konnte nicht mehr wahrsagen. Ihre Herren waren wütend. Sie warfen Paulus und Silas vor, den öffentlichen Frieden gestört zu haben und ließen sie ins Gefängnis werfen.

Wer machte Timotheus mit der Bibel vertraut?

Gott ist überall

Lydia und ihre Freunde trafen sich am Fluss, um zu beten. Sie trafen sich nicht in einem besonderen Gebäude. Wir können überall zu Gott beten – zu Hause, in der Schule, im Bus oder in der Gemeinde.

71. DER PHILIPPISCHE KERKERMEISTER
(APOSTELGESCHICHTE 16)

Paulus und Silas wurden in Philippi ins Gefängnis geworfen. Der Kerkermeister wurde angewiesen, sie sorgfältig zu bewachen. Er steckte sie in eine innen gelegene Zelle und fesselte ihre Füße an einen Holzbalken. Um Mitternacht beteten Paulus und Silas in ihrer Zelle und sangen Gott Loblieder. Die anderen Gefangenen hörten ihnen zu. Plötzlich erschütterte ein heftiges Erdbeben die Grundfesten des Gefängnisses, die Türen flogen auf und alle Ketten lösten sich.

Der Kerkermeister erwachte mit einem Schrecken. In Panik ergriff er sein Schwert und wollte sich umbringen, weil er befürchtete, dass seine Gefangenen entkommen waren. »Tu dir nichts an«, rief Paulus ihm zu. »Wir sind alle hier.«

Der Kerkermeister forderte ein Licht und eilte zu Paulus und Silas. Er stellte eine sehr wichtige Frage. »Liebe Herren, was muss ich tun, um gerettet zu werden?«

»Glaube an den Herrn Jesus Christus, dann wirst du gerettet«, sagten sie ihm. Dann predigten sie ihm, seiner Familie und seinem ganzen Haushalt das Wort Gottes. Sie alle glaubten und ließen sich taufen. Der Kerkermeister wusch Paulus und Silas die Wunden, nahm sie mit nach Hause und gab ihnen eine gute Mahlzeit.

Was taten Paulus und Silas um Mitternacht in ihrer Gefängniszelle?

Jesus ist der Sohn Gottes

Betet dafür, dass mehr Menschen das Evangelium hören. Es wurde geschrieben, »damit ihr glaubt, Jesus sei Christus, der Sohn Gottes, und damit ihr durch den Glauben das Leben habt in seinem Namen« (Johannes, Kapitel 20, Vers 31).

72. PAULUS HÄLT EINE LANGE PREDIGT
(APOSTELGESCHICHTE 20)

Paulus blieb ein paar Tage in Troas. Am ersten Tag der Woche traf er sich mit Einheimischen zu einem Gottesdienst. Als er am nächsten Tag Troas verlassen wollte, hatte er ihnen noch viel zu sagen. Viele versammelten sich in einem Raum im Obergeschoss und Paulus sprach bis Mitternacht. Ein junger Mann namens Eutychus saß an einem offenen Fenster auf dem Fensterbrett, wurde aber sehr müde und schlief langsam ein. Plötzlich geschah ein Unglück! Er stürzte aus dem dritten Stockwerk in die Tiefe. Als die Leute zu ihm kamen, war er tot. Paulus legte seine Arme um den jungen Mann und sagte: »Keine Panik! Er lebt.«

Eutychus wurde zum Leben erweckt. Alle gingen wieder nach oben, teilten gemeinsam das Brot und Paulus sprach bis zum Morgengrauen weiter. Dann brach er auf, um seine Missionsreise fortzusetzen, die ihn schließlich zurück nach Jerusalem führte. In Jerusalem wurde er jedoch verhaftet und ins Gefängnis geworfen. Böse Menschen planten, ihn zu töten, aber sein junger Neffe hörte von dem Mordkomplott und warnte ihn. Paulus erzählte seine Geschichte mehreren einflussreichen Männern, aber niemand wollte sich damit befassen. Daraufhin beschloss man, Paulus nach Rom zu schicken, wo der Kaiser selbst seinen Fall anhören würde.

Wo saß Eutychus, als er der Predigt des Paulus zuhörte?

Die Botschaft über Jesus ist wahr

Paulus begegnete König Agrippa. Er erzählte ihm, wie Jesus sein Leben verändert hatte. Manche dachten, er sei verrückt, aber Paulus sagte: »Ich rede wahre und vernünftige Worte!« (Apostelgeschichte, Kapitel 26, Vers 25).

73. REISE NACH ROM

(APOSTELGESCHICHTE 27–28)

Paulus' Reise nach Rom war voller Abenteuer. In der Adria wurde sein Schiff von heftigen Winden hin und her geworfen. Die Besatzung warf Ladung über Bord, um das Schiff zu entlasten. Der Sturm war so heftig, dass die Matrosen die Hoffnung auf Rettung aufgaben. »Verzweifelt nicht«, mahnte Paulus sie. »Nur das Schiff wird untergehen. Ein Engel hat mir gesagt, dass unser aller Leben verschont bleiben wird. Ich habe Vertrauen in Gott, dass es so kommen wird, wie er es mir gesagt hat.«

Nach vierzehn Nächten auf dem offenen Meer bemerkten die Seeleute, dass sie sich dem Land näherten. Sie loteten die Tiefe aus und stellten fest, dass die See immer flacher wurde. Sie warfen vier Anker vom Heck aus und beteten um Tageslicht. Doch Paulus bestand darauf, dass niemand das Schiff verlassen sollte. Er forderte alle auf, etwas zu essen. Er sprach ein Dankgebet an Gott für das Essen. Die anderen fassten Mut und taten dasselbe.

Bei Tagesanbruch sahen sie einen Sandstrand. Sie sprangen alle über Bord und schwammen oder trieben auf Planken des zerbrochenen Schiffes ans Ufer. Alle erreichten sicher das Ufer der Insel Malta. Paulus blieb dort drei Monate lang, bevor er nach Rom weiterreiste.

Wie kamen Paulus und die anderen sicher ans Ufer?

Gott ist stark

Als er in Gefahr war, hatte Paulus Vertrauen in Gott. Er wusste, Gott würde das Richtige tun. Er hatte Mut, nicht weil sein Glaube so stark war, sondern weil er Glauben an einen starken Gott hatte.

74. BRIEFE AN DIE GEMEINDEN

(EPHESER 6)

Paulus schrieb viele Briefe, manchmal auch Episteln genannt, an die verschiedenen Gemeinden, die er besucht hatte. Sie wurden vorgelesen, wenn die Gemeinde zusammenkam. Diese Briefe sind heute Teil unserer Bibel. In ihnen erklärt Paulus die Wahrheit über Gott den Vater, den Herrn Jesus Christus und Gott den Heiligen Geist. Er korrigiert viele der Irrtümer, die unter Christen verbreitet waren. Er gibt viele gute Ratschläge, wie man so leben kann, dass es Gott wohlgefällig ist.

In einem Brief an die Gemeinde in Ephesus sagte Paulus ihnen, wie sie gegen die bösen Machenschaften des Teufels kämpfen sollten, der sie zur Sünde verleiten wollte.

Paulus beschreibt das Bild eines Soldaten, der seine Rüstung angelegt hat und zum Kampf bereit ist. Um gegen den Teufel zu kämpfen, muss der Christ die ganze Rüstung Gottes anziehen – den Gürtel der Wahrheit, den Brustpanzer der Gerechtigkeit, die Schuhe des Evangeliums des Friedens, den Schild des Glaubens, den Helm des Heils, das Schwert des Geistes, welches das Wort Gottes ist. Das Gebet entspricht dem Schlachtruf des Soldaten.

Diese Rüstung schützt den Christen und befähigt ihn, dem Teufel zu widerstehen.

Wie viele Teile der Rüstung könnt ihr aufzählen?

Gott ist gut

Die Briefe des Paulus beginnen oft mit einem Gebet. »Gnade sei mit euch und Friede von Gott, unserem Vater, und dem Herrn Jesus Christus.« Gnade bedeutet Barmherzigkeit und Vergebung von Gott, die wir nicht verdient haben.

75. DER GEFANGENE AUF PATMOS

(OFFENBARUNG 1–22)

Johannes schrieb das Buch der Offenbarung, als er auf der Mittelmeerinsel Patmos gefangen gehalten wurde. Jesus schickte einen Engel zu Johannes, um ihm eine wunderbare Botschaft zu übermitteln. Der Engel zeigte Johannes viele erstaunliche Bilder. Eines davon zeigte den Himmel, der einer Stadt aus purem Gold glich. Das Fundament der Stadt war aus kostbaren Edelsteinen. Die zwölf Tore waren aus Perlen gemacht. Die Straßen waren aus reinem Gold.

Es gab keinen Tempel in der Stadt, weil der allmächtige Herr und das Lamm (Jesus) der Tempel sind. Es brauchte auch keine Sonne in der Stadt zu sein. Die Herrlichkeit Gottes war so hell, dass es keine Finsternis gab. Vom Thron Gottes floss ein wunderschöner Fluss, der wie Kristall glänzte. Der Baum des Lebens stand auf beiden Seiten des Flusses und trug zwölf Arten von Früchten. Die Blätter des Baumes waren für die Heilung der Völker bestimmt. Nichts Böses wird in den Himmel kommen, sondern nur die, deren Namen im Buch des Lebens des Lammes geschrieben stehen – alle, die auf den Herrn Jesus vertrauen.

Jesus sagte: »Ich komme sehr bald wieder.« Johannes antwortete: »Amen. So komm denn, Herr Jesus.«

Wo war Johannes, als er das Buch der Offenbarung schrieb?

Gott lädt euch ein, zu ihm zu kommen

Gott der Heilige Geist und die Gemeinde laden die Menschen ein, zu Jesus zu kommen, damit er sie von der Sünde befreit. Sie sagen: »Komm! Und wen dürstet, der komme; und wer da will, der nehme das Wasser des Lebens umsonst« (Offenbarung, Kapitel 22, Vers 17).

…das Gute behalten!

Über **Sola Gratia Medien**®

Sola Gratia Medien wurde 2019 gegründet, um bibeltreue Literatur zu publizieren. Hierbei soll ein Schwerpunkt auf solchen Büchern liegen, die

- auf der Bibel als irrtumsfreies Wort Gottes gegründet sind,
- Gottes Gnade verherrlichen,
- theologisch vertiefen und geistlich erneuern sowie
- sich den geistigen Quellen der Reformation verpflichtet fühlen.

Weitere Informationen finden Sie unter
www.solagratia.de – info@solagratia.de

Die Verlagsarbeit wird getragen durch:

Reformations-Gesellschaft-Heidelberg e. V.
Postfach 100141
57001 Siegen · Deutschland
www.reformationsgesellschaft.de

Stichting Vrienden van Heidelberg en Dordrecht

info@svvhed.org
www.svvhed.org

Weitere Empfehlungen

J. C. Ryle

Jung und weise

Dieses Buch enthält eine Sammlung von Predigten, die J. C. Ryle vor Kindern gehalten hat. Sie sind nicht nur sehr gut lesbar und verständlich, sondern auch theologisch fundiert.

Ryle spricht die Kinder und Jugendlichen direkt und gewinnend an. Er führt sie in die wichtigste Sache des Lebens ein: Jesus nachzufolgen. Die Wärme der persönlichen Ansprache macht deutlich, wie sehr Ryle die Seelen der Kinder am Herzen lagen.

J. C. Ryle war Bischof von Liverpool und selber Vater von fünf Kindern. C. H. Spurgeon hat über ihn gesagt: „Ryle ist ein Meister des Glaubens. Einer der Treuesten der Treuen!"

Geb., 90 Seiten

ISBN: 978-3-948475-48-2

Nr. 819.748

€ 9,90

Ada Schouten-Verrips

Ein Katechismus für dich

„Ein Katechismus für dich" soll dabei helfen, Kindern die wichtigsten biblischen Lehren zu vermitteln.

Dieses Buch kann beispielsweise an Sonntagen miteinander gelesen und in der Woche erneut zur Hand genommen werden.

Es will als Handreichung dienen – in der Hoffnung, dass in der Familie ein Gespräch zwischen Eltern und (jungen) Kindern in Gang gesetzt wird. Damit alte Wahrheiten neu werden und der einzige Trost im Leben und im Sterben auch unser Trost bleibe oder werde.

Zahlreiche Zeichnungen helfen, den Text besser zu verstehen.

Geeignet für Kinder ab 5 Jahren.

Geb., 128 Seiten

ISBN: 978-3-948475-11-6

Nr. 819.711

€ 11,90

M. A. Mijnders-van Woerden

Martin und seine Freunde

Erzählungen aus Luthers Jugend

Im vorliegenden Buch findet der Leser eine Reihe von wunderbaren Erzählungen über die Jugend Martin Luthers: Seine Schulzeit in Mansfeld und Magdeburg und später an der Klosterschule in Eisenach, wo er seine Mitschüler täglich um Essen anbetteln musste, bis er in Ursula Cottas Haus Unterschlupf fand.

Die Verfasserin besuchte die Orte, an denen Martin Luther gelebt, gearbeitet und studiert hat, persönlich und sammelte viele Informationen über seine Jugend.

Das vorliegende Werk enthält außerdem zahlreiche Geschichten aus der alten Familienchronik der Familie Schönberg-Cotta aus Eisenach, die der Autorin zugänglich gemacht wurde.

„Martin und seine Freunde" richtet sich in erster Linie an junge Leser zwischen 12 und 16 Jahren. Aber auch Erwachsene können sich an der Lektüre über die Jugendjahre des großen Reformators erfreuen.

Geb., 164 Seiten

ISBN: 978-3-948475-28-4

Nr. 819.728

€ 11,90

M. A. Mijnders-van Woerden

Der Indianer mit dem Brief

In diesem Buch geht es um den Weg des Evangeliums in der undurchdringlichen, lebensfeindlichen Region von Surinam, in der die Trio- und Wai-Wai-Indianer leben.

Es ist die wahre Lebensgeschichte Elkás, Häuptling und Schamane der Wai-Wai-Indianer, der durch Missionare zum Glauben an Jesus Christus kommt und Freiheit von der Macht des Bösen findet.

Dieses klare Zeugnis von Gottes Liebe und Kraft zeigt eindrücklich, wie durch das Evangelium Leben gerettet und verändert werden, es zeigt die Kraft des Gebets und wie aus Missionierten Missionare werden.

Jesus sagt: „Mir ist gegeben alle Macht im Himmel und auf Erden. Geht nun hin und macht alle Nationen zu Jüngern."

Empfohlen für 8-12 Jahre.

Softcover, 240 Seiten

ISBN: 978-3-948475-70-3

Nr. 819.770

€ 9,90